SÃO PEDRO
UM HOMEM À PROCURA DE DEUS

Coleção Testemunhas – Série Santos

- *Agostinho, o convertido* - Bernard Sesé
- *Antônio de Pádua: um santo também para você* - Giovanni M. Colasanti
- *Bernadete: a santa de Lourdes* - René Laurentin
- *Camillo de Lellis* - Mateo Bautista
- *Clara: a companheira de Francisco* - Rina Maria Pierazzi
- *Dom Bosco: fundador da Família Salesiana* - Robert Schiélé
- *Edith Stein: uma vida por amor* - Vittoria Fabretti
- *Francisco de Sales: a paixão pelo outro* - René Champagne
- *Francisco Xavier: pioneiro da inculturação* - Hugues Didier
- *Inácio de Loyola: companheiro de Jesus* - Jorge González Manent
- *Joana D'Arc: a mulher forte* - Régine Pernoud
- *João Batista: o precursor do Messias* - René Laurentin
- *João da Cruz: pequena biografia* - Bernard Sesé
- *Padre Pio: o perfume do amor* - Elena Bergadano
- *Padre Pio: o São Francisco de nosso tempo* - Luigi Peroni
- *Paulo, apóstolo e escritor* - Édouard Cothenet
- *Pedro, o primeiro Papa* - René Laurentin
- *Rosa de Lima: mulher e santa* - Benjamin Garcia
- *São Cristóvão: condutor de Cristo e guia do motorista* - Pe. Mário José Neto
- *São João da Cruz: um homem, um mestre, um santo* - Carmelo do Imaculado Coração de Maria e Santa Teresinha (Cotia/SP)
- *Teresinha de Jesus: traços biográficos* - Marc Joulin

Dag Tessore

SÃO PEDRO
UM HOMEM À PROCURA DE DEUS

Dados Internacionais de Catalogação na Publicação (CIP)
(Câmara Brasileira do Livro, SP, Brasil)

Tessore, Dag
 São Pedro : um homem à procura de Deus / Dag Tessore. – 1.
ed. – São Paulo : Paulinas, 2013. – (Coleção testemunhas. Série santos)

 Título original: San Pietro: un uomo alla ricerca di Dio
 ISBN 978-85-356-3542-3

 1. Pedro, Apóstolo, Santo 2. Santos cristãos - Biografia I. Título.
II. Série.

 13-05262   CDD-282.092

Índice para catálogo sistemático:
1. Santos apóstolos : Igreja Católica : Biografia e obra   282.092

Título original da obra: *San Pietro: Un uomo alla ricerca di Dio*
© 2007, Città Nuova Editrice – Via degli Scipioni, 265 – Roma

1ª edição – 2013

Direção geral: *Bernadete Boff*
Editora responsável: *Maria Goretti de Oliveira*
Tradução: *Antonio Efro Feltrin*
Copidesque: *Camila Ferrete*
Coordenação de revisão: *Marina Mendonça*
Revisão: *Ana Cecilia Mari*
Gerente de produção: *Felício Calegaro Neto*
Capa e diagramação: *Manuel Rebelato Miramontes*

---

*Nenhuma parte desta obra poderá ser reproduzida ou transmitida
por qualquer forma e/ou quaisquer meios (eletrônico ou mecânico,
incluindo fotocópia e gravação) ou arquivada em qualquer sistema ou
banco de dados sem permissão escrita da Editora. Direitos reservados.*

Paulinas

Rua Dona Inácia Uchoa, 62
04110-020 – São Paulo – SP (Brasil)
Tel.: (11) 2125-3500
http://www.paulinas.org.br
editora@paulinas.com.br
Telemarketing e SAC: 0800-7010081

© Pia Sociedade Filhas de São Paulo – São Paulo, 2013

Sumário

Introdução 7

I – Os anos da infância e da juventude .. 11

II – O encontro com Jesus 29

III – A vida cotidiana com Jesus 37

IV – Caminhando para a
Paixão de Cristo 57

V – Morte e ressurreição 77

VI – Os primórdios da comunidade
cristã 87

VII – A relação com os judeus 101

VIII – Começa a conversão dos pagãos ... 115

IX – A perseguição de Herodes
e o Concílio de Jerusalém 129

X – De volta a Antioquia 137

XI – Pedro em Roma 147

XII – A luta com Simão Mago 159

XIII – A perseguição de Nero e a
Primeira Carta de Pedro 167

XIV – Pedro, primeiro papa? 187

XV – A detenção no cárcere Mamertino 195

XVI – O martírio de São Pedro no Vaticano 207

Introdução

A figura de São Pedro está tão envolvida por uma dimensão de fé, e, se quisermos, também de lenda devota, que traçar seu perfil biográfico, como se poderia fazer com qualquer outro personagem histórico, parece temeroso e incomum. Além disso, as fontes sobre as quais se basear são muito exíguas: o Evangelho, os Atos dos Apóstolos – textos cuja perspectiva, na verdade, é mais espiritual e teológica que histórica – e algumas histórias hagiográficas apócrifas.

Esse material, no entanto, é suficiente para reconstruir com certa precisão o percurso de um dos personagens mais ilustres e significativos do cristianismo: Simão de Betsaida, chamado Pedro, nascido na Palestina por volta do ano 5 a.C. e morto em Roma no ano 64 ou 67 d.C.

Nossa intenção foi a de escrever um livro fluente, de leitura fácil, mas ao mesmo tempo rigoroso no plano histórico-científico (e isto explica a presença de citações e notas). Mais que nos resultados dos estudos historiográficos e arqueológicos recentes, baseamo-nos nas principais e mais confiáveis fontes antigas: antes de tudo, os quatro evangelhos e os Atos dos Apóstolos – estes últimos, não somente o Evangelho de Marcos, foram redigidos, talvez, enquanto Pedro ainda estava vivo; depois, as obras dos Padres da Igreja e dos historiadores antigos. Em alguns casos, encontramo-nos diante de material claramente lendário: relatamos também ele – com as devidas referências – na medida em que foi acolhido pela tradição da Igreja. Até mesmo o acontecimento do martírio de Pedro, por exemplo, é-nos relatado somente pela tradição posterior e por vários testemunhos apócrifos. No entanto, constitui não somente um dos elementos fundamentais da tradição da Igreja sobre Pedro, mas é reconhecido também como uma verdade histórica quase certa. Diante de dados controversos – segundo alguns ele sofreu o martírio durante a perseguição de Nero em 64; segundo outros, em 67. Segundo alguns, a Segunda Carta de Pedro é autêntica; para outros, não –, seguimos a versão "tradicional", fazendo ver ao leitor o desacordo a respeito.

As principais fontes hagiográficas antigas sobre Pedro, além do Novo Testamento, são os *Atos de Pedro* e as *Homilias de São Clemente*.

Atos de Pedro, texto apócrifo redigido por volta do ano 180 d.C., era muito conhecido na antiguidade, lido e seguido também por muitos dos padres mais ortodoxos. O texto apócrifo, ao lado de muitas notícias certamente inventadas e milagreiras, contém uma quantidade discreta de material histórico autêntico e é, portanto, para nós, um documento muito precioso, também pela sua antiguidade. Disto foram feitas sucessivamente também reelaborações, resumos e modificações: recordamos as duas *Passio* do Pseudo-Lino e do Pseudo-Egésipo e os *Atos dos santos apóstolos Pedro e Paulo* do Pseudo-Marcelo.

As *Homilias de São Clemente* (*Clementinae*), redigidas provavelmente na Síria no século III, mostram, no plano teológico, não poucos traços explicitamente heréticos (a obrigatoriedade da circuncisão, por exemplo) e, no plano narrativo, dizem bem pouco de historicamente crível. Têm, porém, o mérito de fornecer-nos muitos detalhes interessantes sobre a vida de Pedro que, embora lendários, também influenciaram a biografia tradicional e iconográfica do apóstolo, contribuindo também para tornar-nos sua figura mais viva e mais próxima.

Quanto ao assim chamado Evangelho de Pedro, do qual chegaram até nós poucos fragmentos, e ao Apocalipse de Pedro, trata-se de dois escritos apócrifos redigidos por volta de 130 d.C., que, porém, não falam da pessoa de Pedro.

Queremos recordar finalmente que, neste livro, ao lado das vicissitudes biográficas e históricas do apóstolo e ao lado da descrição do ambiente social e cultural em que viveu, procuramos dar grande relevo, também através de uma releitura das suas duas Cartas, ao seu percurso interior e espiritual. Esta é a biografia de um homem à procura de Deus.

I – Os anos da infância e da juventude

Pedro é a forma grega do aramaico Cefa – que significa exatamente "pedra" –, o nome que Jesus deu ao apóstolo. Mas o seu nome de origem era Simão, ou Simeão,[1] ambas as formas são a transliteração grega do hebraico *Shim'on*, um nome antigo e glorioso em Israel. O primeiro que o usou foi o patriarca Simeão, um dos doze filhos de Jacó: foi chamado Simeão, porque Lia, a mãe, quando o concebeu em seu seio, disse: "O Senhor ouviu que eu era desprezada e deu-me mais este" (Gn 29,33). "Ouviu", em hebraico: *Shama'a*, do qual vem o nome *Shim'on*. Também o grande herói nacional de Israel, Simão Macabeu (século II a.C.), assim se chamava, e, certamente, devia ser um nome bastante comum na Palestina.

Simão era natural de Betsaida,[2] para se identificar provavelmente com a capital da tetrarquia de Filipe, Bethsaida Iulia, aos pés do maciço montanhoso do Golan, na margem oriental do Jordão, ao norte do lago de Tiberíades (conhecido também como de Genesaré),

---

[1] Cf. 2Pd 1,1.
[2] Cf. Jo 1,44.

na Galileia, no lugar onde hoje surge a cidade palestina de El-Tell. A data do seu nascimento é desconhecida, mas, considerando que morreu em 64 ou 67 d.C., é provável que fosse mais ou menos coetâneo de Jesus, ou talvez ligeiramente mais velho.

De Simão o Evangelho diz que era "filho de Jonas", ou "filho de João",[3] que era de Betsaida, como vimos, e que era irmão de André. Sobre sua vida anterior ao encontro com Jesus não diz mais nada. Procuraremos, portanto, reconstruir, o quanto possível, a infância e a juventude de Simão baseando-nos, além desses mínimos dados fornecidos pelo Evangelho, em notícias que nos foram transmitidas pela tradição apostólica e patrística e no que nós mesmos poderemos deduzir com base na realidade histórica, religiosa e social da Palestina da época.

Simão, quando conheceu Jesus, era pescador,[4] provavelmente desde pequeno, como também seu pai João (ou Jonas) e toda a sua família. No lago de Genesaré, a pesca era realmente uma atividade florescente e ter a possibilidade de exercê-la era, sem dúvida, uma grande fortuna, num contexto em que a desocupação, a miséria e a fome eram comuns

---

[3] Mateus 16,17; João 1,42. Provavelmente "Jonas" é, neste caso, simplesmente uma corruptela ou transcrição errada de "João" (cf. a glosa do *Sion Evangelium de Mateus* 16,17).

[4] Cf. Mt 4,18.

e muitos eram obrigados a emigrar na esperança de algum trabalho, mesmo que fosse muito humilde. Nas *Homilias de São Clemente,* Pedro diz: "Eu e André, que é meu irmão segundo a carne e segundo Deus, desde crianças fomos criados como órfãos e, além disso, por causa da pobreza e da miséria, nos habituamos ao trabalho: por isso, também agora, suportamos facilmente as dificuldades do caminho".[5] Essas palavras podem ser inventadas ou ser eco de uma memória e de uma tradição autêntica; é, porém, certo, de alguma forma, que Simão e André (e provavelmente outros irmãos) eram de família muito simples. Não é difícil imaginá-los como as crianças que ainda hoje vivem naquelas regiões: pele morena e cabelos bem negros, correndo pelas estradas poeirentas e brincando com as outras crianças, ou então ocupados em ajudar o pai e os irmãos maiores na pesca, no conserto das redes e na limpeza do peixe. Quase certamente foi seu companheiro de infância também o apóstolo Filipe ("Filipe era de Betsaida, a cidade de André e de Pedro"),[6] como também os apóstolos Tiago e João, filhos de Zebedeu: João, segundo a tradição, era o menor. Enquanto Simão e os outros ajudavam a amarrar os barcos na margem, ele provavelmente estava ainda sentado na água brincando com as ondas. É verossímil, pois, que Simão e

---

[5] *Clementinae*, XII, 6.
[6] Jo 1,44.

André tenham frequentado a casa de Zebedeu e Salomé, pais dos seus companheiros Tiago e João,[7] sobretudo dando crédito à afirmação das *Homilias de São Clemente*, segundo a qual Simão e André ficaram órfãos em tenra idade.

O Evangelho diz que Jesus, enquanto "morava em Cafarnaum", encontrou Simão e André "que estavam jogando as redes ao mar" e, "prosseguindo adiante", encontrou Tiago e João, "à beira do mar da Galileia", isto é, o lago de Genesaré.[8] Estavam, porém, um pouco longe de Cafarnaum,[9] a qual era, na verdade, a principal cidade na margem do lago, sendo, portanto, para onde os pescadores frequentemente se dirigiam para vender seus peixes. Em suma, a atividade dos futuros apóstolos devia se desenvolver substancialmente no trecho de costa entre Betsaida e Cafarnaum.

Que língua falava o pequeno Simão? Naqueles tempos, em Israel se falava tanto o hebraico como o aramaico (uma forma de hebraico mais semelhante ao siríaco). O mais usado, porém, sobretudo pelas pessoas mais simples, era o aramaico. Deve-se recordar, a este propósito, que o aramaico não era o equivalente de um "dialeto" do hebraico: gozava de um prestígio altíssimo, também literário (partes

---

[7] Cf. Mt 27,56 e Mc 15,40.
[8] Mt 4,13.18.21.
[9] Cf. Mc 1,21.

inteiras da Bíblia são escritas em aramaico e mesmo o Talmude será, depois, redigido nessa língua). Muito espalhado era, porém, também o grego, língua internacional do helenismo e, portanto, dos intercâmbios culturais e comerciais ao longo de todo o Mediterrâneo, e era bem mais conhecido que o latim, idioma principal do Império Romano. Excluindo Jerusalém, a Cidade Santa, na qual prevaleciam nitidamente os habitantes judeus, no resto de Israel, e especialmente na Galileia (mais próxima das regiões helenizadas e da província romana da Síria), os estrangeiros, principalmente os comerciantes, eram muito numerosos e usavam o grego como língua comum. Certamente os habitantes de Betsaida e, especialmente, de Cafarnaum eram não só habituados a ouvir falar o grego todos os dias, mas sabiam também falá-lo mais ou menos bem. Para Simão, o grego devia ser uma espécie de segunda língua materna. Como veremos, na época do seu apostolado, depois da morte e ressurreição de Cristo, ele demonstra que conhecia bem o grego, como se deduz, pelo menos da sua Primeira Carta e dos versículos que cita da Bíblia grega dos Setenta.

Sabe-se, de resto, que não só no exterior, mas também em Israel, havia muitas sinagogas – dirigidas por judeus helenizados – nas quais se usava, para a liturgia, o grego no lugar do hebraico. Mas, para compreender melhor o ambiente histórico e social no qual Simão passou a sua juventude, será preciso acenar brevemente para as vicissitudes políticas daqueles anos.

Depois que os judeus, no século V a.C., retornaram do exílio de Babilônia, e, sob a guia de Zorobabel, Esdras e Neemias, retomaram a posse da Palestina e, sobretudo, de Jerusalém, reconstruindo nela também o templo; em 312 a.C., caíram sob o domínio dos Tolomeus do Egito e, no ano 198, da outra grande potência herdeira do Império Helenista de Alexandre Magno, os selêucidas da Síria. O jugo estrangeiro se tornou cada vez mais insuportável para os judeus, não só por causa do domínio político e militar que comportava, mas também porque era inspirado por uma ideologia violentamente secular e antirreligiosa. Foi assim que, no ano 166 a.C., depois que, mais de uma vez, as autoridades selêucidas tinham injuriosamente profanado o Templo de Jerusalém e começado uma verdadeira e própria campanha de paganização e de perseguição contra o judaísmo, explodiu a revolta de Matatias e dos seus filhos, conhecidos como macabeus. A ação da guerrilha e o "terrorismo" praticados por eles levou, no período de uns vinte anos, à recuperação da independência judaica com os descendentes de Matatias (a dinastia dos Asmoneus), também graças à ajuda indireta dos romanos, os quais, bem depressa, fizeram pesar sua aliança: enquanto os soberanos asmoneus, afastando-se nitidamente dos ideais dos seus pais, se tornaram novos déspotas de estilo helenista (aparentados, por outro lado, com dinastias helenistas), Pompeu, entre 66 e 62 a.C. reduziu a Síria à província romana e invadiu Jerusalém, nomeando Ircano II "etnarca", que submeteu ao governador romano da Síria. No ano 37 a.C., por nomeação do Senado romano, Herodes, chamado o Grande, tornou-se rei da Judeia.

Herodes, mesmo conseguindo governar a Palestina com muita autonomia em relação a Roma, promoveu uma política cultural absolutamente alinhada com a ideologia romana e helenista. É verdade que mandou reconstruir o Templo de Jerusalém, mas na fachada fez colocar a insígnia da águia romana. Ergueu templos ao Imperador, estádios, teatros e termas à moda pagã. Como escreverá Eusébio de Cesareia, "por decreto do Senado de Roma e do Imperador Augusto, pela primeira vez um estrangeiro, Herodes, é nomeado rei dos judeus"; ele "designou sumos sacerdotes não mais os descendentes da antiga família sacerdotal, mas conferiu tal honra a desconhecidos".[10] Desautorizou, de fato, a autoridade religiosa do Sinédrio e impôs o grego como língua oficial. O seu regime foi como nunca tirânico, constelado, por outro lado, por numerosos assassinos na família.

---

[10] Eusébio de Cesareia. *Historia ecclesiastica*, I, 6,7-9.

Herodes, que morreu no ano 4 a.C., devia ainda estar no trono quando, em Betsaida da Galileia, nascia Simão. Mas ele era muito pequeno para compreender e recordar o acontecimento que apavorou Israel um ano antes da morte do rei: todas as crianças de Belém e de todo o território vizinho[11] foram procuradas, tiradas de casa e massacradas, por ordem de Herodes (é a que será lembrada como a matança dos inocentes).

De 4 a.C a 6 d.C., o governo da Palestina, sempre com a supervisão de Roma, foi dividido entre os três filhos de Herodes: Arquelau, Antipas e Filipe. Mas o domínio romano acabou se tornando cada vez mais pesado e direto: desde o ano 6 d.C., a Judeia, a Idumeia e a Samaria (e, indiretamente, toda a Palestina) foram colocadas sob a autoridade direta de um governador romano. No ano 44, a Palestina se torna oficialmente província romana. Finalmente, depois da explosão da revolta judaica, os romanos enviam o exército e, depois de quatro anos de guerra sangrenta, no ano 70 d.C., sob liderança do futuro imperador Tito, a Palestina capitula, o Templo de Jerusalém é tomado, incendiado e destruído (dele hoje resta somente o muro ocidental, o assim chamado Muro das Lamentações); foi aí, então, que começou a diáspora dos judeus.

---

[11] Mt 2,16.

Mas voltemos a Simão. Que impacto tudo isto devia ter na sua vida cotidiana? Enquanto pessoa religiosa e ligada às tradições judaicas, ele certamente desaprovava o processo de paganização promovido na terra de Israel antes por Herodes e, depois, pela autoridade romana. Para ele, devia ser muito triste ver que milhares de judeus, seduzidos pelas modas helenistas e romanas, se afastavam da fidelidade à Torá e da prática religiosa, da observância do sábado e do estilo de vida judaico, para correr atrás das miragens do comércio, do dinheiro e do luxo. Enquanto isso, via se multiplicar, até nas cidadezinhas de Cafarnaum e Betsaida, os templos pagãos e as estátuas de vários deuses. Mas o que de maneira especial feria o judeu de então era a forte onda de imoralidade e erotismo levada pelo helenismo: começava-se a ver pelas ruas mulheres – e não só as estrangeiras – com os cabelos descobertos, o rosto enfeitado, as roupas finas e aderentes, o pescoço e os ombros desnudos, o andar provocante. Nas paredes dos palácios, das casas, dos templos, começavam a aparecer afrescos de cenas não só profanas e frívolas, mas até libertinas e obscenas.

O Império Romano, a partir do século I d.C. e até sua progressiva corrosão e desagregação por parte dos povos bárbaros, se estendia, para usar as denominações atuais, de Portugal à Síria, do Egito à Inglaterra, do

Marrocos à Bulgária. Povos distantes, culturas diversas, línguas e religiões diferentes, mas tudo juntado e uniformizado por aquela que propriamente poderíamos chamar a "globalização" helenista-romana, um fenômeno por muitos aspectos semelhante ao que vivemos hoje em escala planetária. Um romano que tivesse ido, no século I, à Síria, por exemplo, ou à Palestina, encontraria lá peculiaridades religiosas sociais e comportamentais que não teria visto em Roma ou na Grécia, mas, ao mesmo tempo, se sentiria em sua casa vendo por toda parte escritas em latim ou em grego, homens e mulheres vestidos à maneira "ocidental" (isto é, exatamente greco-romana), templos a Júpiter e a Minerva, termas, ginásios e banheiros públicos, construções em estilo helenista, estradas conforme o modelo romano.

Não é difícil, portanto, crer que Simão aprovasse a obra de Judas Galileu, oriundo de Gamala, cidadezinha perto de Betsaida. Desde a morte de Herodes, (4 a.C.) durante dez anos, começara uma campanha com grande sucesso, muito semelhante à dos macabeus de duzentos anos antes, contra o jugo estrangeiro pagão e a globalização e helenização de Israel. No ano 6 d.C., quando o governador romano Quirino, com o apoio do sumo sacerdote "corrupto" Joazar, estendeu posteriormente a mão sobre a Palestina, Judas convocou abertamente uma revolta, mas foi condenado à morte pelos romanos. Simão devia ter então aproximadamente doze ou treze anos, e é possível que o tenha visto passar com os seus guerrilheiros ao longo do lago de Genesaré, ou que tenha ouvido algumas das suas arengas ao povo visando reacender o espírito religioso e a fidelidade a Deus e à Torá. Mesmo depois da morte de Judas Galileu, seus seguidores, chamados mais tarde "zelotes", continuarão sua destemida resistência contra os romanos até a destruição do templo no ano 70 d.C.

Simão, na verdade, estava cotidianamente em contato com realidades muito variadas, e seu horizonte cultural e social não era absolutamente restrito: conhecia bem diversidade de culturas, religiões, línguas e raças. Tudo, porém, faz supor que ele estava muito ligado à sua identidade judaica e, sobretudo, à prática religiosa. Sua educação para a fé foi obra dos pais ou de muitos membros da "família ampliada" que constituía o ambiente de vida de toda criança. Quase certamente, também pelas suas condições sociais e pela pobreza da sua família, Simão não frequentou as escolas, nem mesmo as elementares. É provável, no entanto, que algum esboço de leitura, escrita e conhecimento da Torá lhe tenha sido dado na sinagoga. A sinagoga era, naqueles tempos, a única verdadeira escola popular acessível a todos. De manhã e de tarde o rabino orientava a oração, com leituras bíblicas (em hebraico, mas seguidas pela tradução em aramaico, ou, algumas vezes, em grego), salmos e invocações, como também geralmente uma homilia. Durante o resto do dia, os espaços anexos à sinagoga serviam, à maneira dos nossos oratórios, como lugar de encontro para crianças e adultos, como escola, como serviço de assistência para os pobres e, também, de conselho administrativo do rabinado.

As sinagogas eram dirigidas geralmente pelos fariseus. Com este termo, que aparece muito no Evangelho, eram conhecidos aqueles homens muito piedosos e religiosos que dedicavam a sua vida ao estudo e à prática da Lei de Deus, como também ao ensino. Em contraste com os saduceus, expoentes da classe sacerdotal, frequentemente um tanto corrupta, ciumenta das próprias prerrogativas cultuais e aliada aos dominadores estrangeiros por motivos de interesse e de dinheiro, os fariseus promoviam uma religiosidade mais popular, menos centrada no puro culto sacrifical e mais no conhecimento e prática cotidiana da Torá. Porém, infelizmente, como Jesus deixa claro muitas vezes, seu zelo pela lei divina degenerava frequentemente em mero formalismo. Simão era certamente atraído pelo estilo de vida dos fariseus, todo centrado em Deus. Talvez tenha sonhado em se tornar também ele, um dia, rabino, embora sua pobreza e sua atividade de pescador tornassem bem difícil para ele a exigente carreira de estudos necessária para tal fim. Mas é igualmente certo que ele percebia algo insatisfatório em tudo isto: estudar o hebraico, recitar e memorizar a Torá, indagar sobre todos os mínimos detalhes das prescrições mosaicas... Faltava alguma coisa. Faltava um sopro espiritual maior, um caminho mais radical, um anseio para o *infinito* não reduzido somente a observâncias morais e canônicas. Mas onde encontrar essa alguma coisa incomensuravelmente mais elevada? Com frequência, Pedro se sentava nos degraus da sinagoga e repetia dentro de si as palavras que já mil anos antes tinham saído da boca de Davi e de Salomão: "De todo coração te procuro... pela tua justiça contemplarei o teu rosto, ao despertar me saciarei com tua presença!" (Sl 119,10; 17,15), "... mostra-me o teu rosto e a tua voz ressoe aos meus ouvidos..." (Ct 2,14). Era um modo de pedir que Deus o guiasse no caminho reto, de se mostrar a ele mais claramente. Simão não suspeitava que, depois de poucos anos, verdadeiramente, ele veria com os seus olhos o rosto de Deus e ouviria com os seus ouvidos a sua voz na terra.

A vida religiosa e espiritual de Simão era até então a sinagoga, especialmente para a oração matutina do sábado, e as celebrações domésticas. Como ainda hoje em qualquer família judaica ortodoxa, a vida cotidiana era permeada por deveres religiosos. Todo dia de manhã, antes de começar o trabalho, à tarde, durante o trabalho, e à noite, na volta, Simão e os irmãos e companheiros se retiravam à parte ou em alguma sala adequada e oravam em pé, com a cabeça coberta por um xale, os filactérios (fitas de couro com escritos bíblicos) amarrados no braço e na fronte, e recitavam: "Ouve, Israel! O Senhor nosso Deus é o único Senhor" (Dt 6,4). Sobretudo no sábado, então, a dimensão religiosa envolvia tudo. Também hoje, as crianças judias vivem essas festas de família (e ainda mais as grandes festas como Páscoa, Hanukkah, Purim) como um momento muito belo, profundamente religioso, acompanhado por cânticos e cerimônias, mas também, como no caso do Purim, divertido, ocasião de presentinhos e de várias brincadeiras.

Assim, portanto, o pequeno Simão vivia a sua infância e superava os umbrais da puberdade e da juventude, entre a sua casa de Betsaida e os barcos, as redes, o mar da Galileia, os rumorosos mercados de peixe em Cafarnaum, e a sinagoga. Nada sabemos sobre a casa de Simão e de André. É provável, porém, que fosse como todas as outras casas das pessoas simples de então, semelhantes às que podemos ver, ainda hoje, nas regiões pobres do Oriente Médio: um conjunto de casebres edificados ao longo de uma rua de terra batida, construídos de maneira muito rudimentar com barro, cal, pedra e madeira: os cômodos internos, apertados e escuros, eram de fato usados somente para dormir. Para o resto, vivia-se ao ar livre: no quintal de terra batida, onde eram armadas as barracas; era um vaivém rumoroso de galinhas, crianças, homens e rapazes que partiam para a pesca, mulheres cobertas por longos vestidos negros, sentadas no chão ou em cadeiras baixas, ocupadas em amassar o trigo, em desfiar a lã, em acalmar o choro de um recém-nascido, em mexer as panelas sobre o fogo, em falar entre si ou com alguma vizinha ou parenta em visita.

Por volta da idade de dezesseis anos, como era costume entre os judeus observantes, procurou-se para Simão uma mulher, provavelmente um pouco mais jovem que ele. Os seus pais (ou outros parentes, se os pais já tinham morrido) escolheram uma moça de Cafarnaum. Certamente, Simão não tivera ocasião de conviver com moças, e isto tanto por motivo da sua moralidade e religiosidade pessoal, como pelo seu trabalho, que o ocupava em tempo integral, quanto, sobretudo, porque as moças eram vigiadas pelos pais para não terem contato com o outro sexo. Sobre a mulher de Simão não sabemos nada. O Evangelho diz somente que a mãe dela vivia em Cafarnaum.[12] Simão, que ia com frequência a Cafarnaum para vender

---

[12] Cf. Lc 4,31-38.

peixes, devia visitá-la muitas vezes. Na realidade, o Evangelho de Marcos diz que a casa de Simão e de André estava em Cafarnaum, e não em Betsaida, e que na mesma casa morava também a sogra de Simão.[13] De qualquer forma, já nos primeiros séculos do cristianismo devia estar consolidada a veneração dos fiéis pela "casa de Pedro" em Cafarnaum (o atual povoado palestino de Tell Hum), e, já no século IV, foi edificada uma estrutura decorada e bem protegida, e, mais tarde, uma igreja, no suposto lugar onde o apóstolo morava.

A tradição antiga é unânime em afirmar que Simão teve filhos,[14] pelo menos uma filha. O *Martirológio romano*, na data de 31 de maio, recorda "Santa Petronila, virgem, filha do bem-aventurado apóstolo Pedro". Dela voltaremos a falar.

Simão nunca saiu da Galileia antes do seu encontro com Jesus? Provavelmente sim. Os judeus observantes, de fato, deveriam se dirigir, todo ano, se tivessem possibilidade, a Jerusalém para a festa da Páscoa, de Pentecostes e das Cabanas. Pelo menos alguma vez a família de Simão teria cumprido essa obrigação religiosa. Numa viagem a pé e em caravana, que durava mais ou menos uma semana, partindo de Cafarnaum, percorria a Galileia, passando

---

[13] Mc 1,29-30.
[14] Cf. Clemente de Alexandria. *Stromata*, III, 53,1.

aos pés do monte Tabor, em Nazaré, pela Samaria e, finalmente, a Judeia. Também sobre Jesus, mais ou menos coetâneo de Simão, o Evangelho diz que "todos os anos, os pais de Jesus iam a Jerusalém para a festa da Páscoa", e narra o célebre episódio de Jesus com doze anos, quando tinha ficado no templo, sentado entre os mestres, ouvindo-os e fazendo-lhes perguntas".[15]

Parece pouco provável que em uma dessas peregrinações a Jerusalém, ou em outra ocasião, Simão pudesse encontrar e conhecer Jesus, e, na verdade, não sabemos. A afluência de pessoas em Jerusalém era enorme durante as festas religiosas; por outro lado, Jesus vivia com José e Maria em Nazaré, não muito perto de Betsaida, e trabalhava como carpinteiro, enquanto Simão era pescador.

---

[15] Lc 2,41-50.

II – O encontro com Jesus

Simão estava à procura de uma dimensão mais profunda da existência, queria que Deus se tornasse para ele alguma coisa a mais, queria sondar mais profundamente a própria alma e o sentido da própria vida. Mas como fazer? Como encontrar um caminho? O seu dia a dia estava cheio de compromissos: trabalho, mulher, filhos, parentes... Certamente tinha ouvido falar daqueles grupos religiosos que floresciam então em Israel, como os sabeus e os mandeus, que anunciavam a vinda de um Messias. Também o grupo dos essênios (que devem ser identificados provavelmente com a comunidade de Qumram) devia atrair seu interesse: levavam uma vida retirada, quase monástica, centrada na oração e na meditação da Palavra de Deus. Não sabemos nada sobre seus eventuais contatos com essas comunidades, mas, no entanto, temos conhecimento de que num determinado momento de sua vida, pelos trinta e cinco anos, Simão conheceu um grande pregador da Judeia: João, chamado o Batista. "Naqueles dias, apresentou-se João Batista, no deserto da Judeia, proclamando: 'Convertei-vos, pois o Reino dos céus está próximo!' [...]. A veste de João era feita de pelos de camelo, e ele usava um cinto de couro à cintura; o seu alimento era gafanhotos e mel silvestre. Então, Jerusalém, toda a Judeia e toda a região do Jordão saíam à sua procura e, confessando os seus pecados, eram por ele batizados no rio Jordão" (Mt 3,1-6).

É provável que Simão fosse, de vez em quando, junto com o seu irmão André e com Filipe, à Judeia, para ouvir o ensinamento do Batista e para se fazer batizar (o banho sagrado era uma prática comum no judaísmo). Mas deviam soar-lhe estranhas e incompreensíveis as palavras que ele ia lhes repetindo: "Eu vos batizo com água, para a conversão. Mas aquele que vem depois de mim é mais forte do que eu. Eu não sou digno nem de levar suas sandálias. Ele vos batizará com o Espírito Santo e com fogo" (Mt 3,11).

De quem João estava falando? Simão certamente sabia que, segundo o ensinamento da Bíblia e a fé comum de Israel, cedo ou tarde chegaria o Messias. Ele tinha ouvido muitas vezes aqueles versículos do Profeta Isaías: "Eis que a jovem conceberá e dará à luz um filho e lhe porá o nome de Emanuel" (Is 7,14), e ainda: "Pois nasceu para nós um menino, um filho nos foi dado. O poder de governar está nos seus ombros. Seu nome será Maravilhoso Conselheiro, Deus Forte, Pai para sempre, Príncipe da Paz" (Is 9,5). Mas como se manifestaria? E ainda, há séculos Israel o esperava, mas não tinha vindo nenhum Messias.

Um dia, Simão se encontrava "em Betânia, do outro lado do Jordão, onde João estava batizando" (Jo 1,28). Era por volta do ano 29 d.C. "João estava lá, de novo, com dois dos seus discípulos. Vendo Jesus caminhando, disse: 'Eis o Cordeiro de Deus!'" (Jo 1,35-36). "André, irmão de Simão Pedro, era um dos dois que tinham ouvido a declaração de João e seguido Jesus" (Jo 1,40). Os dois discípulos, portanto, ouvindo-o falar assim, seguiram Jesus. Jesus então se voltou e, vendo que o seguiam, disse: "'O que vocês procuram? Responderam-lhe: 'Rabi (que significa mestre), onde moras?'. Ele respondeu: 'Vinde e vede'. Foram, viram onde morava e permaneceram com ele naquele dia" (Jo 1,38-39). Pouco depois, André "encontrou seu irmão Simão e lhe falou: 'Encontramos o Cristo (que quer dizer Messias)'. Então o conduziu até Jesus, que lhe disse, olhando para ele: 'Tu és Simão, filho de João. Tu te chamarás Cefas! (que significa Pedro)'" (Jo 1,41-42). Foi assim que Simão pela primeira vez viu com seus olhos Deus feito homem. Simão estava sentado com ele e repetia o habitual versículo do salmo: "Tua face, Senhor, eu busco" (Sl 27,8). Não sabia que aquele que estava se aproximando dele era justamente o rosto do Senhor. Ninguém nos poderá dizer o que Simão sentiu naquele momento, mas da continuação da narração evangélica deduzimos que tanto para ele quanto para os outros discípulos foram necessários muitos anos antes de compreender verdadeira e completamente que aquele homem era Deus, o mesmo Deus que tinha aparecido a Moisés na sarça ardente e que Ezequiel havia visto em visão sentado num trono de glória acima dos querubins. Por agora, Simão (já então Pedro) via só um homem, embora no segredo de seu coração se agitassem as palavras misteriosas de João: "Eis o Cordeiro de Deus!".

Pouco tempo depois, Herodes Antipas, filho de Herodes, o Grande, instigado por sua cunhada Herodíades, mandou prender João Batista. Pedro e André não tinham mais seu mestre. Mas tinham um outro mestre, Jesus, que João mesmo havia lhes indicado como alguém que é "mais forte do que. Eu e eu não sou digno nem de desamarrar suas sandálias" (Mt 3,11).

"Quando soube que João tinha sido preso, Jesus retirou-se para a Galileia", onde tinha vivido até então com sua Mãe Maria e com José. "Deixou Nazaré e foi morar em Cafarnaum, às margens do mar da Galileia" (Mt 4,12-13). Para Pedro, André e Filipe, foi uma grande graça ter o seu novo mestre tão próximo. Agora podiam estar com ele mais frequentemente.

Um dia, "houve um casamento em Caná da Galileia, e a mãe de Jesus estava lá. Também Jesus e seus discípulos foram convidados para o casamento" (Jo 2,1-2). Foi provavelmente naquela ocasião que Pedro conheceu pela primeira vez nossa Senhora. Para ele, tudo era ainda novo. Não sabia o que seria dele. Continuava a viver em sua casa e a trabalhar como pescador, mas o encontro com Jesus lhe havia deixado uma preocupação contínua...

Porém, a verdadeira mudança radical na sua vida aconteceu num dia, quando Jesus, "caminhando à beira do mar da Galileia, viu dois irmãos: Simão, chamado Pedro, e seu irmão André. Estavam jogando as redes ao mar, pois eram pescadores. Jesus disse-lhes: 'Segui-me, e eu farei de vós pescadores de homens'. Eles, imediatamente, deixaram as redes e o seguiram" (Mt 4,18-20). Desta vez, o chamado era claro: "Segui-me". Mas Pedro tinha uma casa, uma família, um trabalho... Sim, é verdade, "Pedro tinha mulher, no entanto, a deixou, como deixou as redes e o barco",[1] para sempre. O que disse a seus familiares e a seus companheiros de trabalho? E à sua mulher? Como pôde abandoná-la assim? Seu coração não sofreu? Não a amava? E à sua filha? Não sabemos nada sobre isso. Sabemos, porém, que Pedro deixou tudo, para sempre. Não compreendia ainda quem realmente era Jesus, mas

---

[1] Jerônimo. *Epistulae*, CXVIII, 4.

intuía que era alguém pelo qual valia a pena se sacrificar.

O relato do chamado de Pedro é narrado pelo evangelista Lucas de maneira ligeiramente diferente: "Certo dia, Jesus estava à beira do lago de Genesaré, e a multidão se comprimia a seu redor para ouvir a Palavra de Deus. Ele viu dois barcos à beira do lago; os pescadores tinham descido e lavavam as redes. Subiu num dos barcos, o de Simão, e pediu que se afastasse um pouco da terra. Sentado, desde o barco, ensinava as multidões. Quando acabou de falar, disse a Simão: 'Avança mais para o fundo, e ali lançai vossas redes para a pesca'. Simão respondeu: 'Mestre, trabalhamos a noite inteira e não pegamos nada. Mas, pela tua palavra, lançarei as redes'. Agindo assim, pegaram tamanha quantidade de peixes que as redes se rompiam. Fizeram sinal aos companheiros do outro barco, para que viessem ajudá-los. Eles vieram e encheram os dois barcos a ponto de quase afundarem. Vendo isso, Simão Pedro caiu de joelhos diante de Jesus, dizendo: 'Afasta-te de mim, Senhor, porque sou um pecador!' Ele e todos os que estavam com ele ficaram espantados com a quantidade de peixes que tinham pescado. O mesmo ocorreu a Tiago e João, filhos de Zebedeu e sócios de Simão. Jesus disse a Simão: 'Não tenhas medo! De agora em diante serás pescador de homens!'

Eles levaram os barcos para a margem, deixaram tudo e seguiram Jesus" (Lc 5,1-11).

Desde aquele dia, Pedro, junto com André, Filipe, João e Tiago, viveu com Jesus. Mesmo tendo um ponto de referência em Cafarnaum, levavam uma vida errante, passando de povoado em povoado, comendo daquilo que a Providência os fazia encontrar, dormindo ao relento ou hóspedes de alguma alma piedosa. "Jesus percorria toda a Galileia, ensinando nas sinagogas, anunciando a Boa-Nova do Reino e curando toda espécie de doença e enfermidade do povo. Sua fama também se espalhou por toda a Síria. Levaram-lhe todos os doentes, sofrendo de diversas enfermidades e tormentos: possessos, epiléticos e paralíticos. Ele os curava. Grandes multidões o acompanhavam, vindas da Galileia, da Decápole, de Jerusalém, da Judeia e da região do outro lado do Jordão.[2]

---

[2] Mt 4,23-25.

III – A vida cotidiana com Jesus

Muitos, portanto, seguiam Jesus, mas ele "... chamou os discípulos e escolheu doze entre eles, aos quais deu o nome de apóstolos" (Lc 6,13). Foi então que Pedro realmente começou a fazer parte dos poucos escolhidos de Jesus. Não podia mais voltar atrás: não era mais um entre muitos da multidão que seguia Jesus. Agora era um dos poucos íntimos. Começava para ele uma vida totalmente nova, para um futuro desconhecido.

Pedro, porém, se dava conta de que Jesus lhe estava dando o alimento certo, estava saciando sua fome de uma espiritualidade autêntica e profunda. Teve essa confirmação quando Jesus, um dia, rodeado por uma grande multidão de ouvintes, fez seus apóstolos se sentarem ao redor dele e fez um longo e memorável discurso. "Não penseis que vim abolir a Lei e os Profetas. Não vim para abolir, mas para cumprir. Em verdade, eu vos digo: antes que o céu e a terra deixem de existir, nem uma só letra ou vírgula serão tiradas da Lei, sem que tudo aconteça. Portanto, quem desobedecer a um só destes mandamentos, por menor que seja, e assim ensinar os outros, será considerado o menor no Reino dos Céus. Eu vos digo: se vossa justiça não for maior que a dos escribas e dos fariseus, não entrareis no Reino dos Céus" (Mt 5,17-20). Ele, portanto, não pretendia criar uma seita ou uma nova religião: colocava-se, ao contrário, explicitamente no centro do judaísmo, da Lei e dos Profetas. Não dizia a seus discípulos para transgredirem as prescrições mosaicas, mas, ao contrário, diz-lhes, que se a sua observância da Lei não superassem a dos fariseus, não poderiam ser acolhidos no Reino de Deus. Em que, portanto, consistia a novidade da sua mensagem? No retorno à integridade e à pureza da lei divina dada a Israel por meio de Moisés e dos Profetas, purificada de todas as alterações, acréscimos sucessivos, supressões e acordos feitos por comodidade humana. Jesus chama a uma aplicação radical da Lei de Deus, sem subterfúgios hipócritas: "Ouvistes que foi dito aos antigos: 'Não cometerás homicídio! Quem cometer homicídio deverá responder no tribunal'. Ora, eu vos digo: todo aquele que tratar seu irmão com raiva deverá responder no tribunal; quem disser ao seu irmão 'imbecil' deverá responder perante o sinédrio; quem chamar seu irmão de 'louco' poderá ser condenado ao fogo do inferno" (Mt 5,21-22).

Jesus disse ainda: "Ora, eu vos digo: não ofereçais resistência ao malvado! Pelo contrário, se alguém bater na face direita, oferece-lhe a esquerda! Se alguém quiser abrir um processo para tomar a tua túnica, dá-lhe também o manto!" (Mt 5,39-40). Eram os anos da luta dos zelotes contra o domínio romano e a globalização do helenismo. Como dizer: "Não oferecer resistência ao malvado"? Também os macabeus tinham combatido heroicamente em defesa da religião de Israel. Como podia agora Jesus exortar a "ceder"? Por ora, Pedro, da mesma forma que os outros apóstolos, não compreendia as suas palavras. Guardava, porém, todas essas coisas no seu coração.

Jesus disse também: "Quando orardes, não sejais como os hipócritas, que gostam de orar nas sinagogas e nas esquinas das praças, em posição de serem vistos pelos outros. Em verdade vos digo: já receberam a sua recompensa. Tu, porém, quando orares, entra no teu quarto, fecha a porta e ora ao teu Pai que está no escondido. E o teu Pai, que vê no escondido, te dará recompensa" (Mt 6,5-6).

"Então, Jesus disse a seus discípulos: 'Por isso, eu vos digo: não vivais preocupados com o que comer, quanto à vida; nem com o que vestir, quanto ao corpo. A vida é mais que o alimento, e o corpo, mais do que a roupa. Olhai os corvos: não semeiam nem colhem, não têm celeiros nem despensa. No entanto, Deus os sustenta. Será que vós não valeis mais do que os pássaros? Quem dentre vós pode, com sua preocupação, acrescentar um só dia à duração de sua vida? Se não está em vosso poder fazer a menor coisa, como então vos preocupar com o resto? Olhai como crescem os lírios. Não trabalham, nem fiam. No entanto, eu vos digo: nem Salomão, em toda a sua glória, jamais se vestiu como um só dentre eles. Ora, se Deus veste assim a erva do campo, que hoje existe e amanhã é lançada ao forno, quanto mais não fará convosco, gente de pouca fé. Também vós, não fiqueis ansiosos com o que comer ou beber. Não vos inquieteis! Os pagãos deste mundo é que vivem procurando todas essas coisas, mas o vosso Pai sabe que delas precisais. Buscai, pois, o seu Reino, e essas coisas vos serão dadas por acréscimo'" (Lc 12,22-31). Os discípulos – apesar de serem homens normais habituados a trabalhar para ganhar o pão, a pensar nas necessidades econômicas da própria família, a comerciar para economizar algum dinheiro – compreendiam que Jesus os estava chamando para uma opção de vida radical, para a pobreza radical, para a confiança total em Deus.

Jesus disse ainda: "Por que observas o cisco que está no olho do teu irmão, e não reparas na trave que está no teu próprio olho? Como podes dizer a teu irmão: 'Irmão, deixa-me tirar o cisco do teu olho', quando não percebes a trave que está no teu próprio olho? Hipócrita! Tira primeiro a trave que está no teu olho e, então, enxergarás bem para tirar o cisco do olho do teu irmão" (Lc 6,41-42). É aquilo que Pedro procurava: finalmente um verdadeiro caminho de introspecção, de trabalho espiritual sobre si mesmo.

Depois disso, Jesus e os apóstolos voltaram para Cafarnaum. Aqui, apresentou-se a Jesus um centurião romano, pagão, mas tão humilde e cheio de fé e de confiança em Deus, que "Jesus ficou admirado, voltou-se para a multidão e disse: 'Eu vos digo que nem mesmo em Israel encontrei uma fé tão grande'"(Lc 7,9). "Mas não é judeu!", teriam pensado os discípulos, "é um incircunciso!". Não se lembravam daquilo que Deus dissera ao profeta Samuel: "O homem vê a aparência, o Senhor vê o coração" (1Sm 6,7).

Depois, "logo que saíram da sinagoga, foram com Tiago e João para a casa de Simão e André. A sogra de Simão estava de cama, com febre, e logo falaram dela a Jesus. Ele aproximou-se e, tomando-a pela mão, levantou-a; a febre a deixou, e ela se pôs a servi-los. Ao anoitecer, depois do pôr do sol, levaram a Jesus todos os doentes e os que tinham demônios. A cidade inteira se ajuntou à porta da casa" (Mc 1,29-33).

A novidade de Jesus era agora uma realidade também para os familiares de Pedro (a mulher, a sogra, os irmãos...). Aquele Jesus, a quem Pedro havia deixado a família para seguir, agora era visto em sua casa, seus entes queridos podiam ver com os próprios olhos esse homem capaz de curar milagrosamente os doentes. Provavelmente ele e todos os seus discípulos passaram a noite lá, na velha casa de Simão, ajeitando-se para dormir pelo chão nos cômodos disponíveis. O Evangelho de Marcos diz: "De madrugada, quando ainda estava bem escuro, Jesus se levantou e saiu rumo a um lugar deserto. Lá, ele orava. Simão e os que estavam com ele se puseram a procurá-lo. E quando o encontraram, disseram-lhe: 'Todos te procuram'" (Mc 1,35-37).

Na verdade, a fama de Jesus já era tão grande, sobretudo entre os doentes que queriam muito ser curados, "que Jesus já não podia entrar, publicamente, na cidade. Ele ficava fora, em lugares desertos, mas de toda parte vinham a ele" (Mc 1,45).

Naqueles dias, enquanto ainda se encontravam na região de Cafarnaum, no lago de Genesaré, os apóstolos "despediram as multidões e levaram Jesus, do jeito como estava, consigo no barco; e outros barcos o acompanhavam. Veio, então, uma ventania tão forte que as ondas se jogavam dentro do barco; e este se enchia de água. Jesus estava na parte de trás, dormindo sobre um travesseiro. Os discípulos o acordaram e disseram-lhe: 'Mestre, não te importa que estejamos perecendo? Ele se levantou e repreendeu o vento e o mar: 'Silêncio! Cala-te!'. O vento parou e fez-se uma grande calmaria. Jesus disse-lhes então: 'Por que sois tão medrosos? Ainda não tendes fé?' Eles sentiram grande temor e comentaram uns com os outros: 'Quem é este, a quem obedecem até o vento e o mar?'" (Mc 4,36-41). "Quem é este?": ainda não sabiam, ainda não compreendiam.

Quando voltaram para Cafarnaum, "a multidão foi recebê-lo, pois todos estavam esperando por ele. Veio, então, um homem chamado Jairo, um dos chefes da sinagoga, e caindo aos pés de Jesus pediu que fosse à sua casa. Sua filha única, de doze anos, estava nas últimas. Enquanto Jesus estava a caminho, a multidão o comprimia" (Mc 8,40-42). "Quando chegaram à casa, não deixou ninguém entrar com ele, a não ser Pedro, João e Tiago e o pai e a mãe da menina. Todos choravam e lamentavam. Mas Jesus disse: 'Não choreis. Ela não está morta, mas dorme'. Zombaram dele, pois sabiam que ela tinha morrido..." (Mc 8,51-53).

Pedro, certamente, estudava com atenção cada gesto e cada palavra de Jesus, para compreender quem ele realmente era. E se fosse realmente o Messias anunciado pelos Profetas? Talvez, mas que homem devia ser o Messias? O que se devia esperar dele?

"Jesus começou a percorrer todas as cidades e povoados, ensinando em suas sinagogas, proclamando a Boa-Nova do Reino e curando todo tipo de doença e de enfermidade" (Mt 9,35). Pedro e os outros apóstolos estavam sempre com ele. Frequentemente, devido à fama do mestre, os apóstolos acabavam sendo convidados para comer em casa de "publicanos e pecadores", outras vezes em casa de fariseus.[1] A sua vida cotidiana na Galileia era, sem dúvida, intensa.

O Evangelho de João relata, porém, que, durante esse período da pregação de Jesus na Galileia, ele se dirigiu diversas vezes a Jerusalém, provavelmente todo ano, para as três grandes festas judaicas da Páscoa, de Pentecostes e das Cabanas: "Depois disso, houve uma festa dos judeus, e Jesus subiu a Jerusalém" (Jo 5,1). Por ocasião da festa das Cabanas ,"Jesus subiu ao templo e começou a ensinar" (Jo 7,14) e "no último e mais importante dia da festa, Jesus, de pé, exclamou: 'Se alguém tem sede, venha a mim, e beba quem crê em mim'" (Jo 7,37-38). "Então, pegaram pedras para o apedrejar; mas Jesus escondeu-se e saiu do templo" (Jo 8,59).

Numa outra vez, "celebrava-se em Jerusalém a festa da Dedicação. Era inverno. Jesus andava pelo templo, no pórtico de Salomão. Os judeus, então, o rodearam e disseram-lhe: 'Até quando nos deixarás em suspenso? Se tu és o Cristo, dize-nos abertamente!' Jesus respondeu: 'Eu já vos disse, mas vós não acreditais. As obras que eu faço em nome do meu pai dão testemunho de mim. Vós, porém, não

---

[1] Cf. Lc 5,29; 7,36.

acreditais, pois não sois das minhas ovelhas'" (Jo 10,22-26). "De novo, os judeus pegaram em pedras para apedrejar Jesus" (Jo 10,31).

Jesus e seus discípulos eram acusados de não respeitar as prescrições da Lei mosaica, por exemplo, em relação à prática dos jejuns e à observância do sábado: "Por que os discípulos de João e os discípulos dos fariseus jejuam, e os teus discípulos não jejuam?" (Mc 2,18). "Por que os teus discípulos desobedecem à tradição dos antigos? Eles não lavam as mãos quando vão comer!". Mas ele lhes respondeu: "E vós, por que desobedeceis aos mandamentos de Deus em nome da vossa tradição? [...] Anulastes o mandamento de Deus em nome de vossa tradição. Hipócritas! [...] Deixai-os, são cegos guiando cegos [...]". E ele respondeu: "Também vós ainda não entendeis? Não compreendeis que tudo o que entra pela boca vai ao estomago e depois é evacuado na fossa? Mas o que sai da boca vem do coração, e isso é que torna impuro. É do coração que saem as más intenções: homicídios, adultérios, imoralidade sexual, roubos, falsos testemunhos e calúnias. Isso é que torna alguém impuro. Mas comer sem lavar as mãos não torna ninguém impuro".[2]

Jesus, portanto, não ensinava seus discípulos a transgredir a Lei mosaica, mas a observá-la respeitando, porém, as prioridades

---

[2] Mt 15,2-7.14-20.

justas, em que a caridade, a humildade e a reta intenção têm sempre o primeiro lugar em relação aos outros mandamentos, embora justos.

Jesus era muito fiel à concepção bíblica e judaica. Quando decidiu enviar por certo tempo os doze apóstolos para anunciar o Reino de Deus, os instruiu dizendo-lhes: "Não deveis ir aos territórios dos pagãos, nem entrar nas cidades dos samaritanos! Ide, antes, às ovelhas perdidas da casa de Israel!" (Mt 10,5-6). Ele queria, portanto, que seus discípulos caminhassem fielmente no sulco dos profetas de Israel. Naquele dia, "ele chamou os Doze e começou a enviá-los dois a dois e deu-lhes poder sobre os espíritos impuros. Mandou que não levassem nada pelo caminho, a não ser um cajado; nem pão, nem sacola, nem dinheiro à cintura, mas que calçassem sandálias e não usassem duas túnicas" (Mc 6,7-9). No "discurso da missão" disse-lhes ainda: "Cuidado com as pessoas, pois vos entregarão aos tribunais e vos açoitarão nas suas sinagogas. Por minha causa, sereis levados diante de governadores e reis, de modo que dareis testemunho diante deles e diante dos pagãos" (Mc 10,17-18). Palavras que os apóstolos então talvez não pudessem ainda compreender.

"Os discípulos partiram e percorriam os povoados, anunciando a Boa-Nova e fazendo curas por toda parte" (Lc 9,6). "Ao voltarem, os apóstolos contaram a Jesus quanto haviam feito. Ele tomou-os consigo e retirou-se, à parte, para uma cidade chamada Betsaida" (Lc 9,10). E foi talvez justamente lá, na cidade natal de Pedro, que alguns parentes e primos de Jesus (chamados no Evangelho genericamente "irmãos") se apresentaram a ele. Jesus, com Pedro, André e os outros apóstolos, "voltou para casa, e outra vez se ajuntou tanta gente que eles nem mesmo podiam se alimentar. Quando seus familiares souberam disso, vieram para detê-lo, pois diziam: 'Está ficando louco'" (Mc 3,20-21). "Pois nem os seus irmãos acreditavam nele" (Jo 7,5). Assim, os apóstolos compreenderam aquilo que Jesus lhes dissera: "Os inimigos serão os próprios familiares" (Mt 10,36). Também quando Jesus passou alguns dias "na sua pátria", isto é, Nazaré, e "ensinava na sua sinagoga", as pessoas diziam: "'De onde lhe vem essa sabedoria e esses milagres? Não é ele o filho do carpinteiro? Sua mãe não se chama Maria, e seus irmão não são Tiago, José, Simão e Judas? E suas irmãs não estão todas conosco? De onde, então, lhe vem tudo isto?' E mostravam-se chocados com ele..." (Mt 13,54-57).

Voltando para Cafarnaum, Jesus falou a seus apóstolos e aos outros discípulos e começou a lhes revelar os mistérios profundos do seu ser: "Em verdade, em verdade, vos digo: Se não comerdes a carne do Filho do Homem e não beberdes o seu sangue, não tereis a vida em vós. Quem consome a minha carne e bebe o meu sangue, tem a vida eterna, e eu o ressuscitarei no último dia" (Jo 6,52-54). Muitos dos seus discípulos, depois de ouvir isso, disseram: "Esta palavra é dura. Quem consegue escutá-la?" (Jo 6,60). "A partir daquele momento, muitos discípulos o abandonaram e não mais andavam com ele. Jesus disse aos Doze: 'Vós também quereis ir embora?' Simão Pedro lhe respondeu: 'A quem iremos, Senhor? Tu tens palavras de vida eterna. Nós cremos firmemente e reconhecemos que tu és o Santo de Deus'" (Jo 6,66-69). Os apóstolos haviam, há muito tempo, compreendido que Jesus não era um homem como os outros, mas nenhum deles, até aquele momento, havia ousado dizer-lhe frente a frente: "Tu és o Santo de Deus". Pedro disse: "Nós cremos e reconhecemos", porque sabia que também os outros pensavam como ele. Ele se fez intérprete de todos os apóstolos, como veremos em muitas outras ocasiões. É claro que eles o viam como seu porta-voz.

"Vós também quereis ir embora?". Pedro não deixa para os outros o tempo de responder. Responde por todos: "A quem iremos, Senhor?". As palavras de Pedro expressam bem o seu caráter: nobremente impetuoso, corajoso, com aquela coragem que tem aquele que ama com um amor transbordante. "Tu és o Santo de Deus": Pedro ousou gritar-lhe diante de todos. Uma frase que para os judeus podia soar quase como uma blasfêmia, porque significava claramente: "Tu não és simplesmente um homem, tu tens alguma coisa de divino...".

Alguns dias depois, Jesus "mandou que os discípulos entrassem no barco e fossem adiante dele para o outro lado do mar, enquanto ele despedia as multidões. Depois de despedi-las, subiu à montanha, a sós, para orar. Anoiteceu, e Jesus continuava lá, sozinho. O barco, entretanto, já longe da terra, era atormentado pelas ondas, pois o vento era contrário. Nas últimas horas da noite, Jesus veio até os discípulos, andando sobre o mar. Quando os discípulos o viram andando sobre o mar, ficaram apavorados e disseram: 'É um fantasma'. E gritaram de medo. Mas Jesus logo lhes falou: 'Coragem! Sou eu. Não tenhais medo!'. Então, Pedro lhe disse: 'Senhor, se és tu, manda-me ir ao teu encontro, caminhando sobre a água'. Ele respondeu: 'Vem!'. Pedro desceu do barco e começou a andar sobre a água, em direção a Jesus. Mas, sentindo o vento, ficou com medo e, começando a afundar, gritou: 'Senhor, salva-me!'. Jesus logo estendeu a mão, segurou-o e lhe disse: 'Homem de pouca fé, por que duvidaste?' Assim que subiram no barco, o vento cessou. Os que estavam no barco, ajoelharam-se diante dele, dizendo: 'Verdadeiramente, tu és o Filho de Deus'" (Mt 14,22-33).

Vemos neste episódio a grande fé de Pedro acompanhada de uma humanidade profunda.

Ele se lança no seu ardor de fé, mas depois vacila, duvida, afunda, e grita: "Senhor, salva-me!". E se prostra a seus pés, exclamando, desta vez não mais sozinho: "Verdadeiramente, tu és o Filho de Deus". Dizer "Filho de Deus" é uma blasfêmia para o judaísmo, um sacrilégio terrível. Mas Pedro começa a compreender que aqui não se trata de um homem que se atribui impiamente qualidades divinas, mas se trata do mesmo Deus – hipótese corajosa e inquietante – que se fez homem.

No entanto, a agitada vida cotidiana continuava, e havia, de fato, tanta gente chegando e saindo, que não tinham nem tempo para comer.[3] "Jesus percorria cidades e povoados proclamando e anunciando a Boa-Nova do Reino de Deus. Os Doze iam com ele, e também algumas mulheres que tinham sido curadas de espíritos e de doenças: Maria, chamada Madalena, de quem saíram sete demônios; Joana, mulher de Cusa, alto funcionário de Herodes; Susana, e muitas outras mulheres, que os ajudavam com seus bens" (Lc 8,1-3).

As peregrinações da comunidade primitiva os levaram também além dos limites setentrionais de Israel, a Tiro, a Sidônia e a Cesareia de Filipe, na direção de Damasco. Justamente em Cesareia (a atual cidadezinha síria de Baniyas) aconteceu um dos fatos mais

---

[3] Mc 6,31.

significativos para a vida de Pedro. "Jesus foi à região de Cesareia de Filipe e ali perguntou aos discípulos: 'Quem é que as pessoas dizem ser o Filho do Homem?'. Eles responderam: 'Alguns dizem que és João Batista; outros, Elias; outros ainda, Jeremias ou alguns dos profetas'. 'E vós', retomou Jesus, 'quem dizeis que eu sou?'. Simão Pedro respondeu: 'Tu és o Cristo, o Filho do Deus vivo'"(Mt 16,13-16). Pedro teve a coragem de dizê-lo. Não mais meias palavras, não mais acenos e alusões. Agora o disse diante de todos os apóstolos em nome de todos eles: "Tu és o Cristo", isto é, o Messias, aquele que há séculos Israel esperava, aquele que Moisés e os Profetas haviam preanunciado, aquele que Deus prometera mandar como salvação para o mundo inteiro. Eis, era ele, Jesus, exatamente ele, com o qual viviam todos os dias, há mais de dois anos. Era o Messias esperado. Mas Pedro vai além: "Tu és o Cristo, o Filho do Deus vivo". Não simplesmente um enviado ou um profeta, mas o mesmo Deus. Como Isaías havia dito: "Não alguém mandado ou um mensageiro, foi ele mesmo que em pessoa os salvou".[4]

Diante da profissão de Pedro, Jesus respondeu: "Feliz és tu, Simão, filho de Jonas, porque não foi carne e sangue quem te revelou isso, mas o meu Pai que está no céu. Por isso, eu te digo: tu és Pedro, e sobre esta pedra construirei a minha Igreja, e as portas do inferno

---

[4] LXX, Is 63.

não poderão vencê-la. Eu te darei as chaves do Reino dos Céus: tudo o que ligares na terra será ligado nos céus, e tudo o que desligares na terra será desligado nos céus" (Mt 16,17-19). Ele, o pescador humilde de Betsaida, frágil e pecador, investido de uma dignidade e de um poder superior ao de qualquer rei ou imperador! A desproporção e o contraste eram tais que Pedro não podia fazer outra coisa senão acolher na fé, quase sem sequer refletir e compreender, esta investidura suprema.

Não nos delongaremos aqui sobre repercussão e sobre a importância que essas palavras tiveram na história da Igreja e na constituição do primado de Pedro. Basta recordar que a tradição cristã antiga, tanto no Oriente como no Ocidente, foi praticamente unânime em ver nestas palavras de Jesus a definição de um papel de absoluta superioridade de Pedro dentro do colégio apostólico. Um hino bizantino antigo chama Pedro de "príncipe dos gloriosos apóstolos e pedra da fé", e diz: "Tu foste justamente proclamado a pedra, na qual o Senhor estabeleceu a fé como indestrutível, constituindo-te pastor supremo das ovelhas espirituais".[5] Já no Evangelho, com efeito, e depois nos Atos dos Apóstolos, sobressai claramente o papel de protagonista e guia muitas vezes exercido por Pedro (cujo nome, por outro lado, é sempre o primeiro nas listas dos doze

---

[5] Liturgia bizantina, *Minaea*, XXIX de Junho, Orthros.

apóstolos, embora o primeiro a ser chamado tenha sido André). Os Padres da Igreja e, em geral, a tradição da Igreja antiga são unânimes em reconhecer como sucessores de Pedro os bispos de Roma. Por isso, São Máximo, o Confessor, no século VII, reconhecerá que, em conformidade "com o Deus Verbo encarnado e com todos os santos concílios e cânones e decretos sagrados", a Igreja de Roma goza da "soberania sobre todas as santas Igrejas de Deus que estão em toda a face da terra".[6]

Mas voltemos ao episódio de Cesareia de Filipe. "A partir de então, Jesus começou a mostrar aos discípulos que era necessário ele ir a Jerusalém, sofrer muito da parte dos anciãos, sumos sacerdotes e escribas, ser morto e, no terceiro dia, ressuscitar. Então Pedro o chamou de lado e começou a censurá-lo: 'Deus não permita tal coisa, Senhor! Que isto nunca te aconteça!' Jesus, porém, voltou-se para Pedro e disse: 'Vai para trás de mim, satanás! Tu estás sendo para mim uma pedra de tropeço, pois não tens em mente as coisas de Deus, e sim, as dos homens!'. Então Jesus disse aos discípulos: 'Se alguém quer vir após mim, renuncie a si mesmo, tome sua cruz e siga-me'" (Mt 16,24). Pedro chegara a imaginar que aquele homem era o Messias, o Filho de Deus; mas ainda não podia compreender que a manifestação suprema da glória e do amor do Filho de Deus

---

[6] Máximo, o Confessor. *Opuscula theologica et polemica*, XII.

pudesse passar pelo desprezo do povo, pela humilhação e pela morte na cruz. Ele amava Jesus. Não queria que morresse. Queria que, como Messias, reinasse gloriosamente em Israel. Mas a repreensão severíssima de Jesus interveio logo para lhe dar a perspectiva certa das coisas e Pedro não esquecerá mais, até a morte, as palavras de Cristo: "Vai para trás de mim, satanás!", toda vez que outros lhe insinuarem, ou a sua mesma mente lhe sugerir fazer de Deus e da religião um instrumento de força, de poder, de honra mundana.

Voltando para a Galileia, um novo fato viu Pedro como protagonista. "Quando chegaram a Cafarnaum, os que cobravam o imposto do Templo aproximaram-se de Pedro e perguntaram: 'O vosso mestre não paga o imposto do templo?' Pedro respondeu: 'Paga, sim!'. Ao entrar em casa, Jesus adiantou-se e perguntou: 'Simão, que te parece: os reis da terra cobram impostos ou tributos de quem, do próprio povo ou dos estranhos?'. Ele respondeu: 'Dos estranhos'. 'Logo, os filhos estão isentos', retrucou Jesus, 'mas, para não escandalizar essa gente, vai até o lago, lança o anzol e abre a boca do primeiro peixe que pescares. Ali encontrarás uma moeda valendo duas vezes o imposto; pega-a e a entrega a eles por mim e por ti'" (Mt 17,24-27).

"Uns oito dias depois destas palavras, Jesus levou consigo Pedro, João e Tiago, e subiu à montanha para orar. Enquanto orava, seu rosto mudou de aparência e sua roupa ficou branca e brilhante. Dois homens conversavam com ele: eram Moisés e Elias. Apareceram revestidos de glória e conversavam sobre a saída deste mundo que Jesus iria consumar em Jerusalém. Pedro e os companheiros estavam com muito sono. Quando acordaram, viram a glória de Jesus e os dois homens que estavam com ele. E enquanto esses homens iam se afastando, Pedro disse a Jesus: 'Mestre, é bom ficarmos aqui. Vamos fazer três tendas: uma para ti, outra para Moisés e outra para Elias'. Nem sabia o que estava dizendo. Estava ainda falando, quando desceu uma nuvem que os cobriu com sua sombra. Ao entrarem na nuvem, os discípulos ficaram cheios de temor. E da nuvem saiu uma voz que dizia: 'Este é o meu Filho, o Eleito. Escutai-o!'. Enquanto a voz ressoava, Jesus ficou sozinho. Os discípulos ficaram calados e, naqueles dias, a ninguém contaram nada do que tinham visto" (Lc 9,28-36).

Alguns dias depois, Jesus lhes falava de como se deve comportar com quem peca. "Pedro dirigiu-se a Jesus perguntando: 'Senhor, quantas vezes devo perdoar, se meu irmão pecar contra mim? Até sete vezes?' Jesus respondeu: 'Digo-te, não até sete vezes, mas até setenta vezes sete vezes'" (Mt 18,21-22). Ainda uma vez vemos esta nota característica do temperamento de Pedro, entusiasta, cheio de uma confiança quase insolente, sedento de compreender e de conhecer.

IV – Caminhando para a Paixão de Cristo

"Quando terminou essas palavras, Jesus deixou a Galileia e foi para a região da Judeia, pelo outro lado do Jordão. Grandes multidões o acompanhavam..." (Mt 19,1-2) e "atravessava cidades e povoados, ensinando e prosseguindo o caminho para Jerusalém" (Lc 13,22). Num daqueles dias, "subindo para Jerusalém, Jesus chamou os doze discípulos de lado e, pelo caminho, disse-lhes: 'Eis que estamos subindo para Jerusalém, e o Filho do Homem será entregue aos sumos sacerdotes e aos escribas. Eles o condenarão à morte e o entregarão aos pagãos para zombarem dele, açoitá-lo e crucificá-lo. Mas no terceiro dia, ressuscitará'" (Mt 20,17-19). Assim escreve Mateus; o segundo Evangelho, porém, escrito por Marcos, discípulo direto de Pedro, e que, portanto, relatava frequentemente as lembranças e as impressões pessoais do apóstolo, acrescenta significativamente: "Mas eles não compreendiam o que lhes dizia e tinham medo de perguntar" (Mc 9,32).

Não compreendiam: se Jesus era verdadeiramente o Messias, o Rei de Israel preanunciado pelos profetas, o Santo de Deus, como podia estar destinado a ser até zombado, flagelado e crucificado? Então, não era o Messias de Deus! Se fosse, deveria vencer, triunfar e reinar! Não tinham ainda compreendido que Cristo anunciava uma vitória diferente, verdadeira e definitiva, mas que aos olhos do mundo parecia fraqueza e derrota. Justamente naqueles dias, de fato, "surgiu entre os discípulos uma discussão sobre qual deles seria o maior. Sabendo o que estavam pensando, Jesus pegou uma criança, colocou-a perto de si e disse-lhes: 'Quem receber em meu nome esta criança, estará recebendo a mim mesmo. E quem me receber, estará recebendo aquele que me enviou. Pois aquele que entre todos vós for o menor, esse é o maior'" (Lc 9,46-48). Os apóstolos ainda tinham uma imagem estereotipada do Messias como de um soberano poderoso e rico (e também Pedro, evidentemente, não conseguia imaginá-la diferentemente, apesar daquele terrível "Vai para trás de mim, satanás!"). Pensavam que o "sucesso" consistisse no possuir riquezas, colheitas abundantes, casas e filhos. Mas Jesus lhes dizia: "Do mesmo modo, portanto, qualquer um de vós, se não renunciar a tudo o que tem, não pode ser meu discípulo!" (Lc 14,33). E ainda: "Como é difícil para os que possuem riquezas entrar no Reino de Deus! É mais fácil um camelo passar pelo buraco de uma agulha do que um rico entrar no Reino de Deus!" (Lc 18,24-25). Pedro, então, com o habitual zelo apaixonado, se adiantou e disse a Jesus: "'Olha, nós deixamos tudo e te seguimos'. Jesus respondeu: 'Em verdade vos digo: todo aquele que deixa casa, irmãos, irmãs, mãe, pai, filhos e campos, por causa de mim e do Evangelho, recebe cem vezes mais agora, durante esta vida – casas, irmãos, irmãs, filhos e campos, com perseguições –, e no mundo futuro, vida eterna'" (Mc 10,28-30).

Antes de entrar em Jerusalém, Jesus e os discípulos passaram por Jericó, onde foram hóspedes de Zaqueu, e por Betânia, onde aconteceu a milagrosa ressurreição de Lázaro. Mas a sua proximidade de Jerusalém e as suas visitas periódicas ao Templo deixaram alarmados os fariseus e os sacerdotes, a tal ponto que "a partir desse dia, decidiram matar Jesus. Por isso, Jesus não andava mais em público no meio dos judeus. Ele foi para uma região perto do deserto, para uma cidade chamada Efraim. Lá permaneceu com os seus discípulos" (Jo 11,53-54). Enquanto isso, "o Senhor escolheu outros setenta e dois e enviou-os, dois a dois, à sua frente, a toda cidade e lugar para onde ele mesmo devia ir" (Lc 10,1). Sabia, de fato, que a sua vida terrena caminhava para o fim e cuidou, portanto, de constituir um primeiro núcleo dos seus discípulos e herdeiros, além dos Doze.

Chegou finalmente a hora de entrar solene e definitivamente em Jerusalém. O Messias devia tomar posse da Cidade Santa. Mas, também neste caso, Jesus desiludiu as expectativas triunfalistas daqueles que acreditavam e esperavam nele. Sua entrada foi efetivamente real e acompanhada de aclamações, as de uma realeza toda pobre e humilde: "Trouxeram então o jumentinho até Jesus, e Jesus montou. Muitos estenderam seus mantos no caminho, enquanto outros espalharam ramos apanhados no campo. Os que iam à frente e os que vinham atrás clamavam: 'Hosana! Bendito o que vem em nome do Senhor!'" (Mc 11,7-9).

Onde Jesus e os apóstolos viveram durante a sua estadia em Jerusalém? Onde dormiam? E o que faziam durante o dia? O evangelho de Lucas narra: "Todos os dias ele ficava ensinando no templo..." (Lc 19,47) e precisa: "Jesus passava o dia no Templo ensinando; saindo dali, pernoitava no monte chamado das Oliveiras. E de madrugada, o povo todo já se dirigia ao templo para ouvi-lo" (Lc 21,37-38). É necessário, a este propósito, dizer algumas palavras sobre a importância que o Templo de Jerusalém tem para os judeus.

Construído pela primeira vez por Salomão no monte Moria, justamente no lugar onde, muitos séculos antes, Abraão havia levado seu filho Isaac para sacrificá-lo a Deus,[1] o templo expressava, já por sua localização, o sentido do *tremendum* do Deus de Israel. Como a Arca sagrada antes, igualmente, depois de Salomão,

---

[1] Cf. Gn 22,2; 2Cr 3,1.

o Templo é o sinal palpável da presença de Deus na terra. Depois de ter sido destruído por ocasião da escravidão babilônica dos judeus (século VI a.C.), foi reedificado uma primeira vez logo depois do exílio, e uma segunda vez, em dimensões muito maiores e majestosas, por Herodes: os trabalhos foram iniciados no ano 19 a.C. e duraram uma dezena de anos (embora o fim completo da construção tenha acontecido somente no ano 64 d.C.). Esse é o Templo que será destruído pelas legiões romanas no ano 70 d.C., e, depois disso, não foi mais reedificado.

O Templo era constituído por um grande átrio externo, no qual podiam entrar também os pagãos: lá se sentavam os comerciantes dos animais destinados aos sacrifícios e os cambistas (as ofertas em dinheiro para o Templo eram feitas na antiga moeda de Tiro); nessa região, nos pátios e sob os pórticos, também os mestres e rabinos ensinavam. Depois, havia o átrio interno, reservado para os judeus; e, finalmente, o Templo verdadeiro e propriamente dito, onde se realizava o culto, o qual consistia em orações e recitações, e, sobretudo, em sacrifícios de animais realizados pelos sacerdotes. O imperador Augusto estabeleceu que em cada dia se fizesse também um sacrifício especial pelo imperador romano e pelo Império.

A autoridade suprema do Templo era o sumo sacerdote, cargo que, sobretudo a partir dos tempos de Herodes, caiu irremediavelmente sob o domínio e as escolhas da autoridade política. No tempo de Jesus, o sumo sacerdote – autoridade máxima não só religiosa, mas também jurídica do povo judaico – era escolhido segundo o arbítrio do governador romano da Judeia, e era, portanto, aliado, de fato, junto com toda a alta classe sacerdotal, do poder romano e da sua política, embora se comportasse como pouco confiável defensor do judaísmo.

Apesar da grave corrupção moral e ideológica que caracterizava o sacerdócio judaico, o Templo, que por ele era completamente administrado, continuava a gozar de um prestígio inigualável. Até hoje, os judeus ortodoxos pensam que, em toda a terra, somente no Templo de Jerusalém se pode prestar o verdadeiro culto a Deus. Como para os cristãos fiéis, mesmo onde o clero fosse muito corrupto e indigno, o santíssimo sacramento da Eucaristia (que somente os padres podem realizar) permaneceria como um eixo insubstituível da vida de fé, assim era o templo para os judeus.

Não se deve admirar, portanto, que também para Jesus o Templo fosse um ponto obrigatório da sua missão profética. Já vimos que nos anos anteriores ele fora várias vezes a Jerusalém, além de ter frequentado o Templo pelo menos com o objetivo de participar nas grandes solenidades religiosas. Mas, certamente, é somente com a entrada "oficial" na Cidade

Santa que a presença de Jesus no Templo se torna constante e mais rica de significado. O primeiro gesto desconcertante que ele realiza é o descrito por todos os quatro evangelistas: "Jesus entrou no Templo e expulsou todos os que ali estavam vendendo e comprando. Derrubou as mesas dos que trocavam moedas e as bancas dos vendedores de pombas e disse-lhes: 'Está escrito: minha casa será chamada casa de oração'. 'Vós, porém, fizestes dela um antro de ladrões!'" (Mt 21,12-13).

O Evangelho testemunha o embaraço, a preocupação e a inquietação das autoridades religiosas judaicas diante do agir de Jesus. "Num daqueles dias, quando Jesus ensinava no Templo e anunciava a Boa-Nova, os sumos sacerdotes, os escribas e os anciãos chegaram e lhe perguntaram: 'Dize-nos com que autoridade fazes estas coisas, e quem é que te deu esta autoridade!'" (Lc 20,1-2). Tanto como com os gestos, Jesus foi severo naqueles dias também com as palavras: "Ai de vós, escribas e fariseus hipócritas! Pagais o dízimo da hortelã, da erva-doce e do cominho, e deixais de lado os ensinamentos mais importantes da Lei, como o direito, a misericórdia e a fidelidade. Isto é que deveríeis praticar, sem contudo deixar aquilo. Guias cegos! Filtrais o mosquito, mas engolis o camelo!" (Mt 23,23-24). No entanto, sua repreensão, embora dura, era sensata e verdadeira, mesmo aos olhos dos sacerdotes e dos fariseus, tanto que "ninguém conseguia responder-lhe nada. E a partir daquele dia, ninguém mais teve coragem de lhe fazer perguntas" (Mt 22,46).

Os apóstolos tiveram que ver naqueles dias um Jesus, por assim dizer, mais severo e duro. Sinal disto também é o episódio da figueira estéril. Uma figueira não tinha fruto e então Jesus a amaldiçoou. "De manhã cedo, ao passarem, verificaram que a figueira tinha secado desde a raiz. Pedro lembrou-se e disse: 'Rabi, olha, a figueira que amaldiçoaste secou'" (Mc 11,20-21).

Aquela figueira estava na estrada entre Jerusalém e Betânia. Parece, de fato, que naquelas semanas anteriores à Páscoa e à morte, Jesus e os apóstolos, embora passando os dias em Jerusalém e especialmente no Templo, pernoitassem, porém, na vizinha Betânia (o hodierno povoado palestino de El 'Azariyyeh, a três quilômetros a oeste da capital), quase certamente hóspedes dos fidelíssimos Lázaro, Marta e Maria.

Todos já compreendiam que alguma coisa grandiosa estava prestes a acontecer. A fala de Jesus, sempre mansa e suave, estava se tornando um tanto triste e amargurada. O aproximar-se do mistério da cruz tingia tudo de uma luz diferente. Marcos narra que "enquanto Jesus estava saindo do Templo, um dos discípulos lhe falou: 'Mestre, olha que pedras, que construções!' Jesus lhe respondeu: 'Estás vendo estas grandes construções? Não ficará pedra sobre pedra. Tudo será destruído!'." Depois, à tarde, com o coração cheio de amargura e talvez também de certa nostalgia, vendo a cidade e o Templo que deveriam ter sido os sinais palpáveis da eterna aliança entre Deus e Israel e que, ao contrário, se haviam transformado em nada mais que um antro de latrocínio e de hipocrisia, "quando ele se sentou no Monte da Oliveiras, defronte do templo, Pedro, Tiago, João e André perguntaram-lhe, em particular: 'Conta-nos quando será, e qual o sinal de que isso estará para se consumar?'" (Mc 13,1-4). É o início de um longo e pavoroso discurso apocalíptico e escatológico. O Cristo, o Deus feito homem, já não pode fazer outra coisa senão constatar a persistente e obstinada maldade da humanidade. Apesar da sua encarnação, o mundo não o reconheceu; ele veio para o que era seu, mas os seus não o acolheram.[2] "Jerusalém, Jerusalém, que matas os profetas e apedrejas aqueles que te foram enviados! Quantas vezes eu quis reunir teus filhos como uma galinha reúne seus pintainhos debaixo das asas, mas não quisestes!" (Mt 23,37).

Antes de se dirigir para o tormento final, portanto, Jesus previne seus apóstolos sobre a maldade do mundo: "Então vos entregarão à tortura e à morte. E por causa do meu nome sereis odiados por todas as nações. Muitos su-

---

[2] Jo 1,10-11.

cumbirão, trairão uns aos outros e se odiarão mutuamente. Hão de surgir muitos falsos profetas, que enganarão muita gente" (Mt 24,9-11)

"Chegou o dia dos pães sem fermento, quando se devia sacrificar o cordeiro pascal. Jesus mandou Pedro e João, dizendo: 'Ide fazer os preparativos para comermos a ceia pascal'. Eles perguntaram: 'Onde queres que a prepararemos?' Jesus respondeu: 'Quando entrardes na cidade, virá ao vosso encontro um homem carregando uma bilha de água. Segui-o até à casa onde ele entrar e dizei ao dono da casa: 'O Mestre manda perguntar: 'Onde está a sala em que poderei comer a ceia pascal com os meus discípulos?' Ele então vos mostrará uma grande sala arrumada, no andar de cima. Preparai ali'. Eles foram, encontraram tudo como Jesus tinha dito e prepararam a ceia pascal. Quando chegou a hora, Jesus pôs-se à mesa com os apóstolos e disse: 'Ardentemente desejei comer convosco esta ceia pascal antes de padecer. Pois eu vos digo que não mais a comerei, até que ela se realize no Reino de Deus'. Então pegou o cálice, deu graças e disse: 'Recebei este cálice e fazei passar entre vós; pois eu vos digo que, de agora em diante, não mais beberei do fruto da videira, até que venha o Reino de Deus'. A seguir, tomou o pão, deu graças, partiu-o e lhes deu, dizendo: 'Isto é o meu corpo, que é dado por vós. Fazei isto em memória de mim'. Depois da ceia, fez o mesmo com o cálice, dizendo: 'Este cálice é a nova aliança do meu sangue, que é derramado por vós'" (Lc 22,7-20).

Pedro ouvia pela primeira vez as palavras destinadas a serem repetidas por ele e por milhões de outros sacerdotes depois dele, até hoje, na celebração da Eucaristia. Mas, naquele momento, tudo isso ainda lhe era muito misterioso e obscuro. A Páscoa judaica, memorial solene da libertação de Israel da escravidão do Egito, tinha sido celebrada por Pedro em todos os anos da sua vida: os rituais, as leituras, as orações lhe eram familiares: o sacrifício do cordeiro, a santa ceia, os pães ázimos, a bênção do cálice do vinho... Mas esta, com Jesus, era uma Páscoa diferente da habitual. Antes de tudo, onde estava o cordeiro? Os apóstolos não compreendiam. Não podiam ainda compreender que o cordeiro, que até aquele momento Israel tinha sacrificado durante cada Páscoa, não era outro senão a prefiguração do verdadeiro Cordeiro, que justamente naqueles dias estava para se sacrificar no altar da cruz para libertar não somente Israel da escravidão do Egito, mas a humanidade da escravidão do pecado e da morte.

Continuemos a narração, deixando a palavra para o evangelista, pois qualquer comentário nosso não faria outra coisa senão ofuscá-la e banalizá-la. "Foi durante a ceia. O diabo já tinha seduzido Judas Iscariotes para entregar

Jesus. Sabendo que o Pai tinha posto tudo em suas mãos e que de junto de Deus saíra e para Deus voltava, Jesus levantou-se da ceia, tirou o manto, pegou uma toalha e amarrou-a à cintura. Derramou água numa bacia, pôs-se a lavar os pés dos discípulos enxugava-os com a toalha que trazia à cintura. Chegou assim a Simão Pedro. Este disse: 'Senhor, tu vais lavar-me os pés?'. Jesus respondeu: 'Agora não entendes o que estou fazendo; mais tarde compreenderás'; Pedro disse: 'Tu não me lavarás os pés nunca'. Mas Jesus respondeu: 'Se eu não te lavar, não terás parte comigo'. Simão Pedro disse: 'Senhor, então lava-me não só os pés, mas também as mãos e a cabeça'.

Jesus respondeu: 'Quem tomou banho, não precisa lavar senão os pés, pois está inteiramente limpo. Vós também estais limpos, mas não todos'. Ditas estas coisas, Jesus se comoveu profundamente e declarou: 'Em verdade, em verdade, vos digo: um de vós me entregará'. Desconcertados, os discípulos olhavam uns para os outros, pois não sabiam de quem estava falando. Bem ao lado de Jesus estava reclinado um de seus discípulos, aquele que Jesus mais amava. Simão Pedro acenou para que perguntasse de quem ele estava falando. O discípulo, então, recostando-se sobre o peito de Jesus, perguntou: 'Senhor, quem é?'. Jesus respondeu: 'Aquele a quem eu der um bocado passado no molho". Então Jesus molhou um bocado e deu a Judas, filho de Simão Iscariotes. Depois do bocado, Satanás entrou em Judas. Jesus, então, lhe disse: 'O que tens a fazer, faze logo'. Mas nenhum dos presentes entendeu por que ele falou isso. Como Judas guardava a bolsa, alguns pensavam que Jesus estava dizendo: 'Compra o que precisamos para a festa', ou que desse alguma coisa para os pobres. Então, depois de receber o bocado, Judas saiu imediatamente. Era noite. Depois que Judas saiu, Jesus disse: 'Agora foi glorificado o Filho do Homem...'" (Jo 13,2-31).

Depois, dirigiu-se a Pedro: "Simão, Simão! Satanás pediu permissão para peneirar-vos, como se faz com o trigo. Eu, porém, orei por ti, para que tua fé não desfaleça. E tu, uma vez convertido, fortalece os teus irmãos" (Lc 22,31-32). E acrescentou: "'Eu vos dou um novo mandamento: amai-vos uns aos outros. Como eu vos amei, assim também vós deveis amar-vos uns aos outros. Nisto conhecerão que sois os meus discípulos: se vos amardes uns aos outros'. Simão Pedro perguntou: 'Senhor, para onde vais?'. Jesus respondeu-lhe: 'Para onde eu vou, não podes seguir-me agora; mais tarde me seguirás'. Pedro disse: 'Senhor, por que não posso seguir-te agora? Eu darei minha vida por ti!'. Jesus respondeu: 'Darás tua vida por mim? Em verdade, em verdade, te digo: não cantará o galo antes que me tenhas negado três vezes'" (Jo 13,34-38).

O evangelista Marcos narra este episódio com outras palavras, as quais refletem certamente a lembrança pessoal de Pedro: "Depois de cantarem o salmo, saíram para o Monte das Oliveiras. Jesus disse aos discípulos: 'Todos vós caireis, pois está escrito: 'Ferirei o pastor, e as ovelhas se dispersarão'. Mas, depois que eu ressuscitar, irei à vossa frente para a Galileia'. Pedro, então, disse: 'Mesmo que todos venham a cair, eu não'. Respondeu-lhe Jesus: 'Em verdade te digo, hoje mesmo, nesta noite, antes que o galo cante duas vezes, três vezes me negarás'. Pedro voltou a insistir: 'Ainda que eu tenha que morrer contigo, não te negarei'. E todos diziam a mesma coisa".

"Chegaram a uma propriedade chamada Getsêmani. Jesus disse aos discípulos: 'Sentai-vos aqui, enquanto eu vou orar'. Levou consigo Pedro, Tiago e João, e começou a sentir pavor e angústia. Jesus, então, lhes disse: 'Sinto uma tristeza mortal! Ficai aqui e vigiai!'. Jesus foi um pouco mais adiante, caiu por terra e orava para que aquela hora, se fosse possível, passasse dele. [...] Quando voltou, encontrou os discípulos dormindo. Então disse a Pedro: 'Simão, estás dormindo? Não foste capaz de ficar vigiando uma só hora? Vigiai e orai, para não cairdes em tentação! O espírito está pronto, mas a carne é fraca'. Jesus afastou-se outra vez e orou, repetindo as mesmas palavras. Voltou novamente e encontrou-os dormindo, pois seus olhos estavam pesados de sono. E eles não sabiam o que responder. Ao voltar pela terceira vez, ele lhes disse: 'Ainda dormis e descansais? Basta! Chegou a hora! Vede, o Filho do Homem está sendo entregue às mãos dos pecadores. Levantai-vos! Vamos! Aquele que vai me entregar está chegando'" (Mc 14,26-42).

Judas, com um grupo de soldados que lhe foram cedidos pelo sumo sacerdote, se apresentou a Jesus e o saudou com um beijo. Logo os guardas o agarraram e o prenderam. "Simão Pedro, que tinha uma espada, puxou-a e feriu o servo do sumo sacerdote, cortando-lhe a ponta da orelha direita. O nome do servo era Malco. Jesus disse a Pedro: 'Guarda a tua espada na bainha. Será que não vou beber o cálice que o Pai me deu?'" (Jo 18,10-11). Pedro é tão humano! Ama Cristo e quer defendê-lo com aquilo que tem: uma espada. Talvez trouxesse a espada como arma de defesa contra eventuais agressões de homens ou animais na solidão do bosque; mas, depois de três anos de vida com ele, não tinha ainda compreendido que Jesus não era um rei que devia ser defendido com uma espada. Ou talvez o tivesse entendido, mas naquele momento sua fragilidade humana foi envolvida pelo medo e pelo amor a Jesus.

Apesar da solícita tentativa de resistência por parte de Pedro, Jesus foi preso e levado para ser condenado e morto. Os apóstolos, então, "abandonando-o, fugiram". Também

Pedro? Sim, Também Pedro, porque está escrito: "Todos, abandonando-o, fugiram". Para onde foram? Onde encontraram refúgio para o seu medo? O Evangelho não faz menção da maioria deles. Provavelmente não viram mais Jesus, até a sua morte. Fugiram depressa, na escuridão, sem sequer saudá-lo.

Mas de Pedro o Evangelho diz alguma coisa. "Levaram Jesus ao sumo sacerdote, e reuniram-se todos os sumos sacerdotes, os anciãos e os escribas. Pedro tinha seguido Jesus de longe até dentro do pátio do sumo sacerdote. Sentado com os guardas, aquecia-se perto do fogo" (Mc 14,53-54). Estamos no sinédrio, o tribunal supremo do judaísmo, do qual era chefe o sumo sacerdote (o sinédrio mesmo acontecia nos espaços do Templo de Jerusalém). Naqueles anos, e precisamente desde o ano 18 d.C., era sumo sacerdote Caifás, genro de Ana (Hanan), que tinha ocupado o cargo antes dele e continuava de fato a exercer uma influência decisiva.

Devemos recordar que a instituição do sinédrio, no tempo de Jesus, ainda tinha um grande poder. Sob Herodes, o Grande, esse poder tinha sido notavelmente diminuído e redimensionado pelo despotismo do rei, mas, com a chegada do governador romano, o sinédrio foi restabelecido na sua função de órgão jurídico supremo para todos os judeus de Israel e da diáspora: não somente as sentenças religiosas, mas também as civis e penais eram controladas pelo sinédrio; Roma o autorizava a ter seu corpo policial e a infligir as penalidades aos transgressores. Somente a pena de morte (e será justamente o caso de Jesus) devia ser remetida ao governador romano, que naquele momento era Pôncio Pilatos, um homem que se tornou muito impopular em Israel, sobretudo pela leviandade e pelo desprezo com que tratava as questões religiosas dos judeus.

Mas voltemos à narração evangélica. Pedro, junto também com o apóstolo João, sentava-se com os servos e se aquecia junto ao fogo. Por um aceno do evangelho de Lucas (22,61), sabemos que a sala onde Jesus estava, circundado pelo sumo sacerdote, pelas outras autoridades rabínicas e pelos soldados, estava muito próxima e visível de Pedro. Ele, portanto, via seu mestre sendo levado para ser julgado como um ladrão, ultrajado e ofendido pelos seus acusadores: "O sumo sacerdote perguntou de novo: 'És tu o Cristo, o Filho de Deus Bendito?' Jesus respondeu: 'Eu sou. E vereis o Filho do Homem sentado à direita do Todo-Poderoso, vindo com as nuvens do céu" (Mc 14,61-62). Foram suficientes estas poucas palavras para acusarem Jesus, sem ambiguidade, de blasfêmia contra a fé judaica, e condená-lo à morte.

"Então cuspiram no rosto de Jesus e bateram nele. Outros o golpearam, dizendo:

'Profetiza para nós, Cristo! Quem é que te bateu?'. Pedro estava sentado fora, no pátio. Uma criada aproximou-se dele e disse: 'Tu também estavas com Jesus, o galileu!'. Mas ele negou diante de todos: 'Não sei de que estás falando'. E saiu para a entrada do pátio. Então, uma outra criada viu Pedro e disse aos que estavam ali: 'Este homem estava com Jesus, o nazareno'. Pedro negou outra vez, jurando: 'Nem conheço esse homem!'. Pouco depois, os que estavam ali aproximaram-se de Pedro e disseram: 'É claro que tu também és um deles, pois o teu modo de falar te denuncia'. Pedro começou a praguejar e a jurar: 'Não conheço esse homem!'. E nesse instante um galo cantou" (Mt 26,67-74).

"Então o Senhor se voltou e olhou para Pedro. E Pedro lembrou-se da palavra que o Senhor lhe tinha dito: 'Hoje, antes que o galo cante, três vezes me negarás'. Então Pedro saiu do pátio e se pôs a chorar amargamente" (Lc 22,61-62).

Poucas horas depois, Pedro soube que Jesus tinha sido levado ao pretório, sede da autoridade judiciária romana. Enquanto isso, raiava o novo dia. Era sexta-feira, e Jesus esperava ser interrogado pelo governador Pôncio Pilatos. Não sabemos onde Pedro se encontrava e o que fazia. Também ele estava no pretório? Ou seguia Jesus a distância, no meio da multidão? Ou estava escondido, junto com os outros discípulos? E onde estavam os outros onze apóstolos? E a mãe de Cristo? O Evangelho cala, concentrado no único fato essencial: a Paixão do Filho de Deus. Sabemos somente que naquela noite Judas Iscariotes, arrependido de ter traído e vendido Jesus aos sacerdotes, foi a um campo e, amarrando uma corda numa árvore, se enforcou. Essa pavorosa notícia deve ter impressionado bastante os outros apóstolos. Acima de tudo, Judas era um deles, um dos doze escolhidos por Cristo. Judas tinha sido, por cerca de três anos, um amigo e companheiro diário de vida e de fé de Pedro e dos outros apóstolos: comiam juntos, falavam, brincavam, rezavam juntos. E pensar que agora não só havia traído o seu mestre e Senhor, mas, fechado no seu desespero mudo, foi morrer, só e vazio...

Enquanto isso, Jesus, depois de ter sido dispensado por Herodes Antipas, foi levado novamente diante de Pilatos. Era o fim da manhã. Pilatos apareceu no terraço do seu palácio para perguntar, como era de costume, à multidão que estava reunida na praça em frente, qual prisioneiro ele deveria beneficiar. A multidão, instigada pelos sacerdotes, escolheu o bandido Barrabás, e também que Jesus fosse condenado à morte. "Então Pilatos soltou Barrabás, mandou açoitar Jesus e entregou-o para ser crucificado. Em seguida, os soldados do governador levaram Jesus ao pretório e reuniram todo o batalhão em volta dele. Tiraram-lhe a roupa e o vestiram com um manto vermelho; depois trançaram uma coroa de espinhos, puseram-na em sua cabeça, e uma vara em sua mão direita. Então se ajoelharam diante de Jesus e zombavam dele, dizendo: 'Salve, rei dos judeus!'. Cuspiram nele e, pegando a vara, bateram-lhe na cabeça" (Mt 27,26-30).

Essa cena dolorosa e repugnante, que os cristãos há vinte séculos meditam e relembram, foi vista por Pedro? Ele estava lá? Ouvia o sibilo das chibatadas, os golpes surdos sobre a pele, a respiração sufocada do Cristo de Deus, os insultos e os golpes dos soldados?

Provavelmente sim.

V – Morte e ressurreição

Chegou finalmente o momento da partida. Junto com os outros condenados, Jesus, com a túnica manchada de sangue, o madeiro pesado da cruz, amarrado com cordas nas costas e com a perna esquerda presa para conservá-lo na fila dos prisioneiros, começou a caminhar na direção da colina do Gólgota, onde aconteceria a crucificação. É aproximadamente o lugar onde hoje surge a Basílica do Santo Sepulcro. "Seguia-o uma grande multidão do povo, bem como de mulheres que batiam no peito e choravam por ele" (Lc 23,27). Da narração evangélica, pareceria que o único apóstolo que subiu com Jesus ao Gólgota foi João. Nenhum outro. Talvez Pedro o tenha visto partir e não o seguiu. Talvez os soldados os impedissem de acompanhar. Talvez Pedro estivesse perturbado e teve medo de segui-lo. Quem sabe trocou pelo menos uma última palavra com o seu mestre; se, por uma última vez, os seus olhares se encontraram...

De qualquer modo, para onde quer que Pedro fosse, "já era mais ou menos meio-dia, e uma escuridão cobriu toda terra às três da tarde" (Lc 23,44). Não podia haver dúvidas: Jesus estava morrendo na cruz e até o sol dava testemunho de que aquele não era um simples homem: era mesmo o Criador descido em forma humana ao mundo. Um temor indefinido invadiu o coração do apóstolo. Pouco depois, presenciou um fato inaudito e inexplicável: "... o véu do Santuário rasgou-se pelo meio" (Lc 23,45). "A terra tremeu e as pedras se partiram. Os túmulos se abriram e muitos corpos dos santos falecidos ressuscitaram" (Mt 27,51-52).

Entretanto, Jesus, antes que caísse a noite do sábado (aos sábados é proibido aos judeus qualquer trabalho), tinha sido tirado da cruz e colocado num sepulcro próximo ao Gólgota. No dia seguinte, "passado o sábado, Maria Madalena e Maria, a mãe de Tiago, e Salomé compraram perfumes para embalsamar o corpo de Jesus" (Mc 16,1). Mas, chegando ao sepulcro (uma espécie de câmara subterrânea, fechada com uma grande pedra), encontraram-no aberto e, tendo entrado, viram que estava vazio. Então, Maria Madalena "saiu correndo e foi se encontrar com Simão Pedro e com o outro discípulo, aquele que Jesus mais amava. Disse-lhes: 'Tiraram o Senhor do túmulo e não sabemos onde o colocaram!'" (Jo 20,2). Marcos narra o fato assim: "Ressuscitado na madrugada do primeiro dia depois do sábado, Jesus apareceu primeiro a Maria Madalena, de quem tinha expulsado sete demônios. Ela foi anunciar o fato aos seguidores de Jesus, que estavam de luto e choravam. Quando ouviram que ele estava vivo e tinha sido visto por ela, não acreditaram" (Mc 16,9-11). Os discípulos "acharam tudo isso um delírio e não acreditaram. Pedro, no entanto, levantou-se e correu ao túmulo. Olhou dentro e viu apenas os lençóis. Então voltou para casa, admirado com o que havia acontecido" (Lc 24,11-12).

João, que estava junto com Pedro nessa primeira "descoberta" do sepulcro vazio, narra o fato com maiores detalhes: "Pedro e o outro discípulo saíram e foram ao túmulo. Os dois corriam juntos, e o outro discípulo correu mais depressa, chegando primeiro ao túmulo. Inclinando-se, viu as faixas de linho no chão, mas não entrou. Simão Pedro, que vinha seguindo, chegou também e entrou no túmulo. Ele observou as faixas de linho no chão, e o pano que tinha coberto a cabeça de Jesus: este pano não estava com as faixas, mas enrolado num lugar à parte. O outro discípulo, que tinha chegado primeiro ao túmulo, entrou também, viu e creu. De fato, eles ainda não tinham compreendido a Escritura segundo a qual ele devia ressuscitar dos mortos. Os discípulos, então, voltaram para casa" (Jo 20,3-10).

A narração desses primeiros momentos posteriores à ressurreição de Cristo é, no Evangelho, um tanto confusa. Os quatro evangelistas trazem os fatos de maneira não plenamente igual. Talvez o relato desse acontecimento desconcertante e sobrenatural não pudesse estar sujeito às habituais coordenadas racionais da linguagem e da percepção humana.

Da narrativa evangélica parece que se pode deduzir que Cristo ressuscitado apareceu também a Pedro (depois de ele ter se dirigido ao sepulcro e de tê-lo encontrado vazio): "Realmente o Senhor ressuscitou e apareceu a Simão" (Lc 24,34). Também São Paulo será testemunha indireta disto: "[Cristo] apareceu a Cefas e, depois, aos Doze" (1Cor 15,5).

Já vimos, porém, como para os apóstolos era difícil crer que aquele era realmente Jesus. A aquisição da fé foi para todos eles um processo gradual e muito longo. Quando o Evangelho diz que João, logo que entrou com Pedro no sepulcro vazio, "viu e creu", significa talvez que ele, até aquele momento, não tinha acreditado em Cristo? E como, então, os apóstolos, que em várias ocasiões tinham declarado que ele era o Messias e o Filho de Deus, ao anúncio de Maria Madalena e das mulheres piedosas, "não quiseram acreditar" que Jesus pudesse ter ressuscitado? O fato é que, como dissemos, só gradualmente eles se deram conta de que Jesus era *verdadeiramente* Deus feito homem.

"Por fim, Jesus apareceu aos doze discípulos, enquanto estavam comendo. Ele os criticou pela falta de fé e pela dureza de coração, porque não tinham acreditado naqueles que o tinham visto ressuscitado" (Mc 16,14). Essa primeira aparição, em Jerusalém, aos onze apóstolos reunidos nos é narrada com mais riqueza de particulares por Lucas: "Ainda estavam falando, quando o próprio Jesus apareceu no meio deles e lhes disse: 'A paz esteja convosco!' Eles ficaram assustados e cheios de medo, pensando que estavam vendo um espírito. Mas ele lhes disse: 'Por que estais preocupados, e por que tendes dúvidas no coração? Vede minhas mãos e meus pés: sou eu mesmo! Tocai em mim e vede! Um espírito não tem carne, nem ossos, como estais vendo que eu tenho'. E dizendo isso, ele mostrou-lhes as mãos e os pés. Mas eles ainda não podiam acreditar, tanta era sua alegria e sua surpresa. Então Jesus disse: "Tendes aqui alguma coisa para comer?'. Deram-lhe um pedaço de peixe assado. Ele o tomou e comeu diante deles" (Lc 24,36-43).

"Depois disso, Jesus apareceu de novo aos discípulos, à beira do mar de Tiberíades. A aparição foi assim: estavam junto Simão Pedro, Tomé, chamado Gêmeo, Natanael, de Caná da Galileia, os filhos de Zebedeu e outros dois discípulos dele. Simão Pedro disse a eles: 'Eu vou pescar'". Interrompamos para fazer uma observação. Pedro, junto com os outros apóstolos oriundos da Galileia, deixou Jerusalém e voltou para casa, perto do lago de Genesaré (o "mar de Tiberíades"). Retomou também o trabalho de pescador. É verossímil que tenha encontrado os familiares e talvez tenha voltado a viver com eles. E a missão que lhe foi confiada por Cristo? E as palavras "Tu és Pedro e sobre esta pedra edificarei a minha Igreja"? E os quase três anos vividos junto do Messias, e os milagres, e a sangrenta paixão, e a ressurreição testemunhada pelo mesmo Pedro? Tudo se passou como um parêntese que se fecha? Ou talvez Pedro, junto com os outros apóstolos, tivesse voltado para a Galileia somente esperando receber de Cristo mesmo e do Espírito Santo indicações mais precisas sobre onde, como e quando deveria dar início à sua missão? Não sabemos. Mas é certo que aqueles dias deviam ser para eles permeados de uma dimensão sobrenatural misteriosa.

Voltemos à narração dos fatos. "Simão Pedro disse a eles: 'Eu vou pescar'. Eles disseram: 'Nós vamos contigo'. Saíram, entraram no barco, mas não pescaram nada naquela noite. Já de manhã, Jesus estava na praia, mas os discípulos não sabiam que era Jesus. Ele perguntou: 'Filhinhos, tendes alguma coisa para comer?'. Responderam: 'Não'. Ele lhes disse: 'Lançai a rede à direita do barco e achareis'. Eles lançaram a rede e não conseguiam puxá-la para fora, por causa da quantidade de peixes. Então, o discípulo que Jesus mais amava disse a Pedro: 'É o Senhor!'. Simão Pedro, ouvindo dizer que era o Senhor, vestiu e arregaçou a túnica (pois estava nu) e lançou-se ao mar. Os outros discípulos vieram com o barco, arrastando as redes com os peixes. Na realidade, não estavam longe da terra, mas somente uns cem metros". Mas, então, por que Pedro tinha se lançado ao mar? Evidentemente para chegar a nado, o mais depressa possível, até seu Senhor, Mestre e Deus ardentissimamente amado.

"Quando chegaram à terra, viram umas brasas preparadas, com peixes em cima e pão. Jesus disse-lhes: 'Fazei alguns dos peixes que apanhastes'. Então, Simão Pedro subiu e arrastou a rede para a terra. Estava cheia de cento e cinquenta e três grandes peixes; e apesar de tantos peixes, a rede não se rasgou. Jesus disse-lhes: 'Vinde comer'. Nenhum dos discípulos se atrevia a perguntar quem era ele, pois sabiam que era o Senhor. Jesus aproximou-se, tomou o pão e deu a eles. E fez a mesma coisa com o peixe. Esta foi a terceira vez que Jesus, ressuscitado dos mortos, apareceu aos discípulos" (Jo 21,9-14).

É neste contexto que acontece um episódio determinante no relacionamento entre Cristo e Pedro e para a futura missão petrina. "Depois de comerem, Jesus perguntou a Simão Pedro: 'Simão, filho de João, tu me amas mais do que estes?'. Pedro respondeu: 'Sim, Senhor, tu sabes que te amo'. Jesus lhe disse: 'Cuida dos meus cordeiros'. E disse-lhe, pela segunda vez: 'Simão, filho de João, tu me amas?'. Pedro respondeu: 'Sim, Senhor, tu sabes que te amo'. Jesus lhe disse: 'Sê pastor das minhas ovelhas'.

Pela terceira vez perguntou a Pedro: 'Simão, filho de João, tu me amas?' Pedro ficou triste, porque lhe perguntou pela terceira vez se era seu amigo. E respondeu: 'Senhor, tu sabes tudo, tu sabes que te amo'. Jesus disse-lhe: 'Cuida das minhas ovelhas" (Jo 21,15-17). Nestas palavras, a tradição da Igreja, desde os primeiríssimos séculos, viu uma clara enunciação do primado de Pedro, isto é, da Igreja de Roma. São Cipriano, por exemplo, escreve: "[Cristo] sobre um só edifica a Igreja e a ele ordena que apascente as suas ovelhas. Embora atribua a todos os apóstolos um poder igual, no entanto, constitui uma só cátedra e estabelece com a sua autoridade a origem e a motivação que fundamenta a unidade. Certamente também os outros eram aquilo que Pedro era, mas o primado é concedido a Pedro [...]. Quem, portanto, abandona a cátedra de Pedro, sobre a qual está fundamentada a Igreja, como pode pensar que pertence à Igreja?".[1] Quanto a Pedro, ele, naquele momento, talvez não se desse conta do alcance daquelas palavras, mas quem sabe quantas vezes no futuro lhe soará na mente a voz e o tom daquele "Tu me amas?".

Como se deduz da continuação da narração evangélica, Jesus tinha dito essas palavras a Pedro tomando-o consigo, à parte, e caminhando com ele pela praia do lago. Naquele colóquio tão íntimo e, no entanto, lapidar,

---

[1] Cipriano. *De catholicae ecclesiae unitate*, IV.

Jesus dirigiu a Simão também algumas palavras misteriosas: "Em verdade, em verdade, te digo: quando eras jovem, tu mesmo amarravas teu cinto e andavas por onde querias; quando, porém, fores velho, estenderás as mãos, e outro te porá o cinto e te levará para onde não queres ir' (Disse isto para dar a entender com que morte Pedro iria glorificar a Deus). E acrescentou: 'Segue-me'. Voltando-se, Pedro viu que também o seguia o discípulo que Jesus mais amava, aquele que na ceia se tinha inclinado sobre seu peito e perguntado: 'Senhor, quem é que vai te entregar?'. Quando Pedro viu aquele discípulo, perguntou a Jesus: 'E este, Senhor?'. Jesus respondeu: 'Se eu quero que ele permaneça até que eu venha, que te importa? Tu, segue-me'" (Jo 21,18-22).

Depois de quarenta dias da sua ressurreição, Jesus e os apóstolos se encontraram novamente na Cidade Santa de Jerusalém. "Então Jesus levou-os para fora da cidade, até perto de Betânia. Ali ergueu as mãos e abençoou-os. E enquanto os abençoava, afastou-se deles e foi elevado ao céu. Eles o adoraram. Em seguida, voltaram para Jerusalém, com grande alegria" (Lc 24,50-52). Foi a última vez que o viram com os seus olhos nesta terra.

VI – Os primórdios da comunidade cristã

No dia seguinte à ascensão de Cristo, a vida dos apóstolos mudou profundamente. O Mestre não se encontrava mais – fisicamente – entre eles. Por dez dias, até o dia de Pentecostes, eles permaneceram numa situação, por assim dizer, de espera. "E estavam sempre no templo, bendizendo a Deus" (Lc 24,53). Os onze apóstolos, de fato, depois que Jesus subiu ao céu, tinham voltado para Jerusalém, onde estavam alojados, todos juntos, numa casa. "Entraram na cidade e subiram para a sala de cima onde costumavam ficar. Eram Pedro e João, Tiago e André, Filipe e Tomé, Bartolomeu e Mateus, Tiago, filho de Alfeu, Simão Zelota e Judas, filho de Tiago. Todos eles perseveravam na oração em comum, junto com algumas mulheres – entre elas Maria, mãe de Jesus – e com os irmãos dele" (At 1,13-14).

Nesses primeiros dias, a comunidade cristã não faz outra coisa: está toda concentrada na oração, em casa e no templo. E as colunas dessa Igreja primitiva são substancialmente duas: Maria, a mãe de Jesus, e Pedro, que o Senhor mesmo havia designado para guiar os discípulos.

Claramente, todos os apóstolos, inclusive Pedro, nutriam uma veneração especial por Maria: ela tinha trazido no seio e amamentara o Deus feito homem; ela o havia socorrido e conservado em casa durante muitos anos; ela era para ele a mãe amadíssima; ela era a Virgem preanunciada pelo profeta Isaías como mãe do Messias. É impossível, portanto, pensar que os apóstolos não tratassem a Mãe de Deus com uma reverência quase igual àquela com a qual tratariam Jesus. No entanto, no Atos dos Apóstolos, como também nas Cartas dos apóstolos (por exemplo, as de Pedro, João e Tiago), não se faz nunca aceno a Maria, se não – de passagem e sem nenhuma ênfase – nesta passagem dos atos e no trecho sobre o Pentecostes. O motivo desse silêncio deve provavelmente ser encontrado na vocação mesma de Nossa Senhora: uma vocação para o silêncio e para a discrição. Além disso, segundo a concepção bíblica, plenamente herdada pela Igreja apostólica e patrística, a função de guia religiosa podia caber somente a um homem e não a uma mulher, embora santa. Não é de admirar, portanto, que Maria, muito humilde, quisesse permanecer à sombra e não reivindicasse para si qualquer honra ou poder. Um trecho do evangelho (apócrifo) de Bartolomeu narra a este propósito um episódio significativo: "Os apóstolos se encontravam num lugar chamado Quelturá, com Maria, mãe de Deus. Bartolomeu se aproximou de Pedro, de André e de João e disse: 'Perguntemos a ela, que é cheia de graça, como concebeu o Senhor e como o gerou e o levou no útero, ele que não pode ser levado no útero'. Mas eles não ousavam interrogá-la sobre isto. Então Bartolomeu disse a Pedro: 'Tu, como chefe e nosso mestre, aproxima-te e interroga-a'". Depois de muito hesitar – prossegue o texto –, aproximaram-se dela e lhe fizeram a pergunta. Nossa Senhora, antes de poder falar de tal mistério, disse: "Comecemos a rezar". Os apóstolos, então, se colocaram atrás de Maria, mas ela disse a Pedro: 'Pedro, chefe e principal coluna, tu te colocaste atrás de nós? O Senhor não disse talvez que a cabeça do homem é Cristo, mas a cabeça da mulher é o homem? Coloca-te, portanto, adiante de mim para rezar'".[1]

Numa outra ocasião, "Pedro disse a Maria: 'Ó cheia de graça, reza ao Senhor que nos revele coisas do céu'. Maria respondeu a Pedro: "Ó Pedra escolhida, não teria ele preanunciado que sobre ti fundará a sua Igreja?'. Mas Pedro disse: "[Não, sobre ti], ó grande Tabernáculo!'. Então Maria disse: 'Tu és a imagem de Adão: ele não foi criado antes e, depois, Eva? Olha o sol: à semelhança de Adão, brilha mais que todos os outros astros. E olha a lua, opaca como a argila por causa da transgressão de Eva. E, de fato, o Senhor colocou Adão no Oriente,

---

[1] Evangelho de Bartolomeu, II, 1-3.6-7.

Eva no Ocidente, e ordenou a ambos que se olhassem um para o outro'".[2]

Estas duas narrativas refletem bem o relacionamento entre Pedro e Maria: ambos profundamente humildes e completamente estranhos ao desejo de poder, mas, ao mesmo tempo, conscientes do dever de guia confiado por Cristo a Pedro. Com efeito, no livro de Atos dos Apóstolos, narrando os primeiros anos de vida da comunidade apostólica, testemunham continuamente o papel de primazia exercido por Pedro. É quase sempre ele quem responde em nome de todos os apóstolos; é ele quem pronuncia os discursos solenes. Já pouco depois da ascensão, aos discípulos reunidos, Pedro faz o seu primeiro discurso importante. Naturalmente, não podemos saber quanto há de autêntico nas palavras que Lucas relata, mas não há motivo para duvidar da fidelidade e da exatidão substancial do evangelista ao transcrever esse discurso, como também os outros posteriores.

Salta logo aos olhos a diferença entre o estilo das palavras de Pedro durante a vida com Jesus, um estilo submisso, humilde, de uma simplicidade e de um entusiasmo quase infantis, e, ao contrário, o estilo de um Pedro não mais só pupilo do Cristo, mas também agora pastor responsável da Igreja nascente:

---

[2] Evangelho de Bartolomeu, IV, 2-5.

um estilo sério, respeitável e solene pelas numerosas citações do Antigo Testamento. O primeiro discurso de Pedro, feito na presença dos remanescentes dez apóstolos e de uma grande multidão de discípulos, é centrado sobre a figura de Judas, o traidor, traçada com humanidade e com realismo cru.

"Naqueles dias, estava reunido um grupo de mais ou menos cento e vinte pessoas. Pedro levantou-se no meio dos irmãos e disse: 'Irmãos, era necessário que se cumprisse o que o Espírito Santo, por meio de Davi, na Escritura, anunciou acerca de Judas, que se tornou o guia daqueles que prenderam Jesus. Ele era um dos nossos e foi incumbido do mesmo ministério. Ele até comprou um campo com o salário da maldade, mas caiu morto, de bruços, arrebentado pelo meio, espalhando-se todas as suas vísceras. O fato se tornou conhecido de todos os habitantes de Jerusalém. Por isso, aquele campo chama-se na língua deles Hacéldama, quer dizer, Campo de Sangue. De fato, no livro dos Salmos está escrito: 'Fique deserta a sua morada, e não haja quem a habite!' E ainda: 'que outro receba o seu encargo' (Sl 69,26; 109,8). 'Há homens que nos acompanharam durante todo o tempo em que o Senhor Jesus viveu no meio de nós, a começar pelo batismo de João até o dia em que foi elevado do meio de nós. Agora é preciso que um deles se junte a nós para ser testemunha da sua ressurreição'" (At 1,15-22). E aconteceu assim que foi escolhido Matias como décimo segundo apóstolo, no lugar de Judas.

Passaram-se ainda alguns dias e aconteceu a solenidade de Pentecostes. Quase certamente Pedro, Maria e os apóstolos se dirigiram, como, aliás, também nos outros dias, ao templo. Depois, "quando chegou o dia de Pentecostes, os discípulos estavam todos reunidos no mesmo lugar. De repente, veio do céu um ruído como de um vento forte, que encheu toda a casa em que se encontravam. Então apareceram línguas como de fogo que se repartiram e pousaram sobre cada um deles. Todos ficaram cheios do Espírito Santo e começaram a falar em outras línguas, conforme o Espírito lhes concedia expressar-se. Residiam em Jerusalém judeus devotos, de todas as nações que há debaixo do céu. Quando ouviram o ruído, reuniu-se a multidão, e todos ficaram confusos, pois cada um ouvia os discípulos falar em sua própria língua" (At 2,1-6). Esse fenômeno extraordinário desconcertou não somente a multidão daqueles que acorreram, mas também os mesmos apóstolos. Certamente foi uma sensação estranha e misteriosa para Pedro ver a si mesmo quase arrebatado em êxtase e pronunciando palavras e frases em línguas para ele totalmente desconhecidas. O poeta bizantino Romano coloca na boca de Pedro estas palavras: "Irmãos, veneremos aquilo que vemos, mas não investiguemos. Ninguém se pergunte o que está acontecendo. Aquilo que está acontecendo vai além do intelecto e ultrapassa o pensamento...".[3] Um acontecimento miraculoso, portanto, que não deixou de suscitar ceticismo e ironia entre os presentes foi o seguinte: "Outros zombavam deles e diziam: 'Estão bêbados de vinho doce!'".

"Pedro, de pé, junto com os onze apóstolos, levantou a voz e falou à multidão: 'Homens da Judeia e todos vós que residis em Jerusalém, seja do vosso conhecimento o que vou dizer. Escutai-me com toda a atenção. Estes aqui não estão embriagados, como podeis pensar, pois estamos ainda em plena manhã. Está acontecendo o que foi anunciado pelo profeta Joel (3,1-5):

Depois de tudo isso,
derramarei o meu Espírito
sobre todos os viventes.
E então, todos os vossos filhos e filhas
falarão como profetas:
Os anciãos receberão em sonho
suas mensagens
e os jovens terão visões.
Até sobre escravos e escravas derramarei
naquele dia o meu espírito.

---

[3] Romano, o Melódico. *Hymni*, LIV,10.

*No céu exibirei sinais maravilhosos
e, na terra, sangue, fogo e nuvens de fumaça.
O sol vai se mudar em trevas
e a lua em sangue,
diante da chegada do dia do S*ENHOR*,
grandioso e terrível.
Então, estará a salvo todo aquele que invocar
o nome do S*ENHOR *nosso Deus,
pois no monte Sião, em Jerusalém,
estará a salvação, como disse o S*ENHOR*,
e entre os sobreviventes
que o S*ENHOR *chamar."*

Pedro é judeu e se dirige aos "homens da Judeia", aos "homens de Israel". Pedro não acredita que Jesus seja uma ruptura da tradição judaica que remonta a Moisés. Ao contrário, pensa que encontrou justamente em Jesus a confirmação e a restauração do autêntico judaísmo original, corrompido e deturpado no decorrer dos séculos. Por isso, a sua palavra e argumentação são – e permanecerão até sua morte – profundamente judaicas, baseadas na Torá e nos profetas de Israel: para ele Jesus não é outro senão aquele que os patriarcas e os profetas tinham preanunciado. Desde quando era criança, Pedro escutava, repetia, memorizava e meditava com amor as palavras do Antigo Testamento. Elas eram o seu pão de cada dia, e também nos seus discursos não faz outra coisa senão citá-las de memória.

Continua, portanto: "Homens de Israel, escutai estas palavras: Jesus de Nazaré foi um homem credenciado por Deus junto de vós, pelos milagres, prodígios e sinais que Deus realizou entre vós por meio dele, como bem o sabeis. Deus, em seu desígnio e previsão, determinou que Jesus fosse entregue pelas mãos dos ímpios, e vós o matastes, pregando-o numa cruz. Mas Deus o ressuscitou, libertando-o das angústias da morte, porque não era possível que ela o dominasse. Pois Davi diz a seu respeito (Sl 16,8-11):

Eu via sempre o Senhor diante de mim,
porque está à minha direita,
para que eu não vacile.
Por isso, alegrou-se o meu coração
e exultou a minha língua;
mais ainda, minha carne repousará na esperança.
Não abandonarás minha alma
no reino da morte
nem deixarás o teu Santo
conhecer a decomposição.
Deste-me a conhecer caminhos de vida
e me encherás de alegria com a tua presença.

"Irmãos, seja-me permitido dizer-vos, com toda liberdade, que o patriarca Davi morreu e foi sepultado, e seu sepulcro está entre nós até hoje. Ora, ele era profeta e sabia que

Deus lhe havia jurado solenemente que um de seus descendentes se sentaria no seu trono. Assim, ele previu a ressurreição do Cristo e é dela que disse: 'não foi abandonado no reino da morte, e sua carne não conheceu a decomposição'."

"De fato, Deus ressuscitou este mesmo Jesus, e disso todos nós somos testemunhas. E agora, exaltado pela direita de Deus, ele recebeu o Espírito Santo que fora prometido pelo Pai e o derramou, como estais vendo e ouvindo. Pois, Davi não subiu ao céu, mas ele diz: 'Disse o Senhor ao meu senhor: senta-te à minha direita, até que eu ponha teus inimigos como apoio para teus pés' (Sl 109,1)".

E eis a declaração solene, arrojada, sem meias palavras: "'Portanto, que todo o povo de Israel reconheça com plena certeza: Deus constituiu Senhor e Cristo a este Jesus que vós crucificastes!'. Quando ouviram isto, ficaram com o coração compungido e perguntaram a Pedro e aos outros apóstolos: 'Irmãos, que devemos fazer?'". Pedro, agora já consciente de sua autoridade, respondeu: "Convertei-vos e cada um de vós seja batizado em nome de Jesus Cristo, para o perdão dos vossos pecados. E recebereis o dom do Espírito Santo. Pois a promessa é para vós e vossos filhos, e para todos aqueles que estão longe, todos aqueles que o Senhor, nosso Deus, chamar'. Com muitas outras palavras ainda, Pedro lhes dava testemunho e os exortava, dizendo: 'Salvai-vos desta geração perversa!'. Os que aceitaram as palavras de Pedro receberam o batismo. Naquele dia, foram acrescentadas mais ou menos três mil pessoas".[4]

Dessa maneira, portanto, a comunidade primitiva se expandia e se consolidava. Mas como viviam esses primeiros discípulos? E como transcorria a vida quotidiana dos apóstolos? Onde Pedro morava, onde rezava, onde comia? O Novo Testamento não nos dá muitas respostas. Os discípulos – narra o livro de Atos – "eram perseverantes em ouvir o ensinamento dos apóstolos, na comunhão fraterna, na fração do pão e nas orações" (At 2,42). Essas poucas palavras, porém, dizem muito. Antes de tudo, podemos ver uma comunidade cristã muito unida; embora, provavelmente, só os apóstolos e poucos outros discípulos vivessem propriamente "em comunidade", isto é, juntos numa espécie de casa-mosteiro (em Jerusalém), é evidente, porém, que lá se encontravam todos juntos, naturalmente na presença também da Virgem Maria, para ouvir o ensinamento dos apóstolos e, sobretudo, de Pedro, para rezar juntos e para a "fração do pão". Embora não tenhamos dados precisos nem descrições exatas, podemos, porém, com base no nosso conhecimento da realidade judaica da época e das notícias que nos são fornecidas pelos Evangelhos

---

[4] At 2,22-41.

e pelo livro de Atos dos Apóstolos, imaginar que as reuniões de oração se desenvolvessem em algum lugar apropriado para a finalidade (talvez no assim chamado "Cenáculo", aquela "sala de cima onde eles costumavam ficar").[5] Os fiéis e os apóstolos se encontravam pelo menos para a oração da manhã e da noite. A sala devia ser semelhante às hodiernas mesquitas pobres do campo que ainda hoje vemos no Oriente Médio ou na África: uma espécie de galpão muito simples e sem adereços, com um pavimento de terra batida ou simples tábuas de madeira, talvez coberto parcialmente com velhos tapetes. Os fiéis estavam em pé, os apóstolos na primeira fila, depois os outros e atrás as mulheres, certamente separadas da seção masculina, cobertas e veladas. A oração devia prever récitas, provavelmente em hebraico, substancialmente idênticas às da sinagoga (salvo significativas exceções relativas à figura do Cristo Messias, e a oração cristã por excelência, o Pai-Nosso), prostrações por terra e cânticos. Já São Paulo menciona os "salmos, hinos e cânticos"[6] em uso nas comunidades. Tanto as palavras como as melodias eram tipicamente judaicas e constituirão o núcleo do futuro canto litúrgico, baseado nos salmos e em melodias de clara derivação judaica (tanto no caso do gregoriano latino, como, sobretudo,

---

[5] At 1,13.
[6] Cl 3,16.

das liturgias orientais, por exemplo, gregas e siríacas).

As reuniões de oração compreendiam também discursos e homilias, pronunciadas pelos apóstolos, sobretudo pelos três "escolhidos" de Cristo: Pedro, João e Tiago, que desde logo "foram considerados as colunas" da Igreja.[7] Um papel fundamental era ainda exercido pela assim chamada "ceia do Senhor", ou "fração do pão",[8] a forma primitiva da celebração eucarística. Além das implicações claramente messiânicas das celebrações cristãs, elas deviam de alguma forma parecer pouco diferentes das realizadas nas sinagogas. Aquilo que era diferente, radicalmente diferente, era o espírito com o qual as mesmas orações, os mesmos ritos, os mesmos gestos eram vividos, à luz de uma religiosidade viva e exuberante e do acontecimento de Cristo. Por outro lado, a mesma assembleia cristã é chamada no Novo Testamento "sinagoga"[9] (como, vice-versa, no Antigo Testamento a comunidade israelita era designada, nos LXX, com o termo *ecclesia*).[10]

É provável que, também em relação à observância dos preceitos judaicos sobre o sábado e sobre os alimentos impuros, os após-

---

[7] Gl 2,9.

[8] At 2,42; 1Cor 10,30; 11,20.

[9] Tg 2,2.

[10] Cf. Dt 4,10.

tolos e os primeiros cristãos, todos de origem judaica, respeitassem as normas judaicas, que eles certamente não viam como regras "superadas", embora Jesus os tivesse alertado sobre uma observância puramente formal e hipócrita.

VII – A relação com os judeus

A Igreja apostólica não se propunha mudar os preceitos judaicos, mas renovar o espírito, recuperando o ardor religioso original de Abraão e de todos os patriarcas e profetas. Quem se aproximava deles ficava tocado, principalmente pelo seu estilo de vida corajoso e radical, baseado num total abandono à Providência, não mais só em palavras, mas nos fatos, sobretudo mediante a escolha de uma pobreza radical. "Como somente pão e azeitonas – atestará o mesmo Pedro, segundo as *Homilias de São Clemente* – e alguma vez hortaliças, e tenho por vestido e cobertura somente aquilo que visto e não preciso de mais nada: essas coisas já me são superabundantes."[1]

"Entre eles ninguém passava necessidade, pois aqueles que possuíam terras ou casas as vendiam, traziam o dinheiro e o depositavam aos pés dos apóstolos. Depois, era distribuído conforme a necessidade de cada um" (At 4,34-35). Um verdadeiro "comunitarismo" cristão, caracterizado pelo ensinamento de Jesus e pelo seu exemplo de simplicidade e de confiança em Deus.

---

[1] *Clementinae*, XII, 6.

O caráter ascético e "monástico" da comunidade apostólica era evidenciado também pelo celibato dos seus membros. Segundo a tradição da Igreja, "Pedro e os outros apóstolos tinham realmente mulheres, mas somente aquelas que tinham desposado quando ainda ignoravam o Evangelho. Tornados apóstolos, abandonaram a instituição matrimonial".[2] Sem dúvida, é verossímil, na esteira também dos ensinamentos de Jesus, que os apóstolos (e muitos dos outros discípulos) não convivessem mais *more uxorio* com as próprias mulheres, as quais ou permaneciam em casa, ou participavam na parte feminina da comunidade cristã na qualidade de "irmãs". São Paulo atesta claramente que Pedro, como também os outros apóstolos, levava consigo uma "irmã".[3] Provavelmente, era a própria mulher, já conquistada para a fé e para um amor espiritual e fraterno. Também as *Homilias de São Clemente* falam repetidamente da presença da mulher de Pedro dentro da comunidade apostólica: "No raiar do dia, Pedro entrou e disse: 'Subam no carro Clemente junto com sua mãe Matidia e com minha mulher'".[4]

"Perseverantes e bem unidos, frequentavam diariamente o templo, partiam o pão pelas casas e tomavam a refeição com alegria e

---

[2] Jerônimo, *Adversus Iovinianum*, I, 26.

[3] Cf. 1Cor 9,5.

[4] *Clementinae*, XIII, 1.

simplicidade de coração" (At 2,46). Os discípulos, portanto, como já acenamos, não somente rezavam "em casa" e celebravam a "fração do pão", mas frequentavam também o Templo de Jerusalém. Isso naturalmente é muito significativo: no Templo, oficiavam os sacerdotes judeus; no Templo se ensinava a observância da Lei mosaica; no Templo se realizavam os sacrifícios de animais. Os apóstolos participavam de tudo isso? Provavelmente participavam dos holocaustos e das cerimônias solenes da Páscoa e de Pentecostes, do Yom Kippur e do rito de Hanukkah, embora para eles todos esses ritos assumissem um significado muito diferente, simbólico.

Ver matar os cordeiros e os cabritos para o sacrifício no Templo se tornava para eles uma figura simbólica e um memorial da imolação do Cordeiro Cristo, bode expiatório que tomou sobre si os nossos pecados e morreu por nós. Seria errado, porém, acreditar que os apóstolos desprezassem e descuidassem o ritual judaico e a lei mosaica. De Tiago Menor, por exemplo, a tradição passa uma imagem de homem piedoso e devoto no culto do Templo de Jerusalém, uma imagem quase de sacerdote judeu: "Entrava sozinho no templo e era encontrado ajoelhado suplicando o perdão para o povo", tanto que "lhe sobrevieram os calos nos joelhos como os camelos".[5] Certamente,

---

[5] Eusébio de Cesareia. *Historia ecclesiastica*, II,23,6.

ele partilhava com os fariseus e os sacerdotes judeus o amor e o zelo pelo templo e pela Cidade Santa, onde morava a presença do Deus de Israel, tanto mais agora que os soberanos helenistas e os romanos não faziam outra coisa a não ser profanar o templo (no ano 39 d.C. o imperador Calígula havia mandado introduzir nele até uma estátua que o representava, para a adoração!"). Tiago, Pedro e os outros apóstolos eram, portanto, assíduos frequentadores do Templo.

Um dia, "Pedro e João estavam subindo ao templo para a oração das três da tarde. Vinha sendo carregado um homem, coxo de nascença, que todos os dias era colocado na porta do templo chamada Formosa, para pedir esmolas aos que entravam". É o lugar onde hoje surge a Cúpula da Rocha na Esplanada das Mesquitas. "Quando viu Pedro e João entrarem no templo, o homem pediu uma esmola. Pedro, com João, olhou bem para ele e disse: 'Olha para nós!'. O homem ficou olhando para eles, esperando receber alguma coisa. Pedro então disse: 'Não tenho ouro nem prata, mas o que tenho eu te dou: em nome de Jesus Cristo, o Nazareno, levanta-te e anda!' E tomando-o pela mão direita, Pedro o levantou. Na mesma hora, os pés e os tornozelos do homem ficaram firmes" (At 3,1-7). "Não tenho ouro nem prata": Pedro era tão pobre que não tinha nem um pouco de dinheiro para dar esmola. "Com uma palavra Pedro lhe havia oferecido, porém, um dom precioso: diante da mão estendida daquele homem [...], oferece-lhe primeiro, como riqueza, a alegria de ser pobres. Diz: 'Não tenho ouro nem prata'. De repente lhe propõe a pobreza como título de glória e de honra. 'Não tenho ouro nem prata: abandonei o mundo que passa. Possuía redes com as quais pescava. Abandonei-as e agora possuo somente a esperança da fé'".[6]

    O aleijado "não largava mais Pedro e João. E todo o povo, assombrado, acorreu para junto deles, no chamado Pórtico de Salomão. Vendo isso, Pedro dirigiu-se ao povo: 'Homens de Israel, por que estais admirando o que aconteceu? Por que ficais olhando para nós, como se tivéssemos feito este homem andar com nosso próprio poder ou piedade? O Deus de Abraão, de Isaac e de Jacó, o Deus de nossos pais, glorificou o seu servo Jesus, que vós entregastes e rejeitastes diante de Pilatos, que estava decidido a soltá-lo. Vós rejeitastes o Santo e o Justo e pedistes que vos fosse agraciado um assassino. Aquele que conduz à vida, vós o matastes'". A fé de Pedro já se mostrava sólida como uma rocha: ele não hesita em professar publicamente que Jesus de Nazaré é o Autor da Vida, isto é, o mesmo Deus. Ao mesmo tempo, reafirma insistentemente que o seu Deus é sempre o mesmo, o Deus dos judeus,

---

[6] Romano, o Melódico. *Hymni*, LV,12.

de Abraão, de Isaac, de Jacó; e o seu discurso é cheio de citações do Antigo Testamento e de referências aos patriarcas e aos profetas de Israel, aos quais Pedro sente que pertence plenamente. "Mas Deus o ressuscitou dos mortos, e disto nós somos testemunhas. Graças à fé no nome de Jesus, este Nome acaba de fortalecer este homem que vedes e reconheceis. A fé que vem por meio de Jesus lhe deu perfeita saúde, à vista de todos vós. Ora, meus irmãos, eu sei que agistes por ignorância, assim como vossos chefes. Deus, porém, cumpriu deste modo o que havia anunciado pela boca de todos os profetas: que o seu Cristo haveria de sofrer. Arrependei-vos, portanto, e convertei-vos, para que vossos pecados sejam apagados. Assim chegará o tempo do refrigério que vem do Senhor. Este enviará o Cristo, Jesus, que de antemão vos foi destinado. Entretanto, é necessário que o céu o acolha até que se cumpra o tempo da restauração de todas as coisas. Pois assim falou Deus, nos tempos passados, pela boca de seus santos profetas. Com efeito, Moisés afirmou: 'O Senhor Deus suscitará, dentre vossos irmãos, um profeta como eu. Dai-lhe ouvidos em tudo o que ele vos disser. Assim será: quem não der ouvidos a este profeta, será eliminado do meio do povo' (Dt 18,15-19). E todos os profetas que falaram desde Samuel e seus sucessores, também eles anunciaram estes dias. Vós sois os filhos dos profetas, os filhos da aliança que Deus fez com vossos pais, quando disse a Abraão: 'Através da tua descendência serão abençoadas todas as famílias da terra' (Gn 22,18). Para vós, primeiramente, Deus suscitou o seu Servo e o enviou a vós, para vos abençoar, na medida em que cada um se afaste de suas más ações."[7]

"Pedro e João ainda estavam falando ao povo, quando chegaram os sacerdotes, o comandante da guarda do templo e os saduceus. Estavam irritados, porque os apóstolos ensinavam o povo e anunciavam a ressurreição dos mortos na pessoa de Jesus. Eles prenderam Pedro e João e os colocaram na prisão até o dia seguinte, pois estava anoitecendo" (At 4,1-3). A narrativa de Atos dos Apóstolos prossegue com ritmo constante e continua a mostrar Pedro numa posição de relevo. "No dia seguinte, reuniram-se em Jerusalém os chefes, os anciãos e os escribas. Estavam presentes o sumo sacerdote Anás, e também Caifás, João, Alexandre e todos que pertenciam às famílias dos sumos sacerdotes. Fizeram Pedro e João comparecer diante deles e os interrogaram: 'Com que poder ou em virtude de que nome vós fizestes isso?'. Então, Pedro, cheio do Espírito Santo, disse-lhes: 'Chefes do povo e anciãos, hoje estamos sendo interrogados por termos feito o bem a um enfermo e pelo modo como foi curado. Ficai, pois, sabendo todos vós e todo o povo de Israel: se este homem está curado

---

[7] At 3,11-26.

diante de vós, é por meio do nome de Jesus Cristo, o Nazareno, que vós crucificastes e que Deus ressuscitou dos mortos. 'Esta é a pedra que vós, os construtores, desprezastes e que se tornou a pedra angular' (Sl 117,22). Em nenhum outro há salvação, pois não existe debaixo do céu outro nome dado à humanidade pelo qual devamos ser salvos'. Os interrogadores ficaram admirados ao ver a coragem com que Pedro e João falavam, sendo pessoas simples e sem instrução. Verificaram que eles tinham andado com Jesus, mas vendo, junto deles, em pé, o homem que tinha sido curado, nada podiam dizer em contrário. Então os mandaram sair do sinédrio e começaram a discutir entre si: 'Que vamos fazer com esses homens? Eles realizaram um milagre notório, e o fato tornou-se de tal modo conhecido por todos os habitantes de Jerusalém que não podemos negá-lo. Contudo, a fim de que o assunto não se espalhe ainda mais entre o povo, vamos intimidá-los, para que não falem mais a ninguém a respeito desse nome'. Chamaram de novo Pedro e João e ordenaram-lhes que, de modo algum, falassem ou ensinassem em nome de Jesus. Pedro e João responderam: 'Julgai vós mesmos se é justo, diante de Deus, que obedeçamos antes a vós do que a Deus! Quanto a nós, não nos podemos calar sobre o que vimos e ouvimos'. Então, insistindo em suas ameaças, e como não tivessem meio de castigá-los, deixaram Pedro e João em liberdade por causa do povo.

Pois todos glorificavam a Deus pelo que havia acontecido" (At 4,5-21).

O que impressiona mais em Pedro, agora, é sua extrema franqueza, coragem, e autoridade. Com todo o respeito que ele nutria pela Torá de Israel e pelo Templo, ele não se deixa, porém, minimamente atemorizar pelas ameaças dos sacerdotes e dos "poderosos". Um episódio em que aparece ainda mais a respeitabilidade austera e severa do Príncipe dos Apóstolos é o de Ananias e Safira, que passaram para a história como exemplo de hipocrisia e de apego ao dinheiro: "Ora, um homem chamado Ananias, junto com sua mulher Safira, vendeu sua propriedade, mas, com o conhecimento da mulher, ficou com uma parte do dinheiro e depositou só uma parcela aos pés dos apóstolos. Então, Pedro disse: 'Ananias, por que encheu Satanás teu coração, para que mintas ao Espírito Santo e retenhas uma parte do preço da propriedade? Ficando como estava, não permaneceria tua? E vendendo-a, o dinheiro não ficaria teu? Como pôde tal coisa passar por tua cabeça? Não é a homens que mentiste, mas a Deus'. Ao ouvir essas palavras, Ananias caiu morto. Grande temor apoderou-se de todos os que ficaram sabendo. Vieram então os jovens para envolver o corpo e o levaram à sepultura. Umas três horas depois, entrou sua mulher, sem saber do acontecido. Pedro lhe dirigiu a palavra: 'Foi por essa quantia mesmo que vendeste a propriedade?'.

Ela confirmou: 'Sim, foi.' Pedro replicou: 'Por que combinastes pôr à prova o Espírito Santo? Olha, os pés dos que enterraram teu marido estão à porta para levar a ti também!'. No mesmo instante ela caiu morta diante de seus pés. Ao entrarem, os jovens a encontraram morta e levaram-na para sepultá-la junto do marido. Grande tremor apoderou-se de toda a Igreja e de todos os que ficaram sabendo do acontecido" (At 5,1-11).

No entanto, "muitos sinais e prodígios eram realizados entre o povo pelas mãos dos apóstolos. Todos os fiéis se congregavam, bem unidos, no Pórtico de Salomão. Nenhum dos outros ousava juntar-se a eles, mas o povo estimava-os muito. Entretanto, crescia sempre mais o número dos que pela fé aderiam ao Senhor, uma multidão de homens e mulheres. Chegavam a transportar para as praças os doentes em camas e macas, a fim de que, quando Pedro passasse, pelo menos sua sombra tocasse algum deles. A multidão vinha até das cidades vizinhas de Jerusalém, trazendo doentes e pessoas atormentadas por maus espíritos. E todos eram curados" (At 5,12-16).

O fato de os apóstolos conseguirem tal sucesso e de, além do mais, passarem muito do seu tempo ensinando, justamente no átrio do Templo no Pórtico de Salomão, não podia senão irritar as autoridades religiosas judaicas, fechadas nos seus estreitos horizontes mentais e ciumentas do próprio poder. Por isso, "mandaram prender os apóstolos e lançá-los na cadeia pública" (At 5,18). Deus, porém – narra São Lucas – os libertou milagrosamente. Então eles, obstinadamente fiéis a Deus e nobremente desprezando toda prudência humana e conveniência, novamente "ao amanhecer, entraram no Templo e começaram a ensinar". O sumo sacerdote e os seus homens, no entanto, tendo sido informados sobre a inexplicável fuga dos apóstolos "perguntavam-se o que poderia ter acontecido" (At 5,24) De qualquer forma, decidiram prendê-los novamente e "os apresentaram ao Sinédrio. O sumo sacerdote começou a interrogá-los: 'Não vos proibimos expressamente de ensinar nesse nome? Apesar disso, enchestes a cidade de Jerusalém com a vossa doutrina. E ainda quereis nos responsabilizar pela morte desse homem!' Então, Pedro e os outros apóstolos responderam: 'É preciso obedecer a Deus antes que aos homens. O Deus de nossos pais suscitou Jesus, a quem vós matastes, pregando-o numa cruz. Deus, porém, por seu poder, o exaltou, tornando-o Líder e Salvador, para propiciar a Israel a conversão e o perdão dos seus pecados. E disso somos testemunhas, nós e o Espírito Santo, que Deus concedeu àqueles que lhe obedecem'. Quando ouviram isto, ficaram furiosos e queriam matá-los. Então levantou-se no Sinédrio, um fariseu chamado Gamaliel, mestre da Lei e estimado por todo o povo. Ele mandou que os acusados saíssem por um instante. Depois falou: 'Homens de Israel, vede bem o que estais para fazer contra estes homens. Algum tempo atrás levantou-se Teudas, que se fazia de importante, e a quem se juntaram cerca de quatrocentos seguidores: ele foi morto, e todos os que o seguiam debandaram. Nada restou. Depois dele, no tempo do recenseamento, surgiu Judas, o galileu, que arrastou o povo atrás de si. Contudo, também ele morreu e todos os seus seguidores se dispersaram. Quanto ao que está acontecendo agora, dou-vos um conselho: não vos preocupeis com estes homens e deixai-os ir embora. Porque se este projeto ou esta atividade é de origem humana, será destruída. Mas, se vem de Deus, não conseguireis destruí-los. Não aconteça que vos encontreis combatendo contra Deus'. Os membros do conselho aceitaram o parecer de Gamaliel. Chamaram os apóstolos, mandaram açoitá-los, proibiram que eles falassem no nome de Jesus e soltaram-nos. Os apóstolos saíram do Conselho, alegres por terem sido considerados dignos de injúrias por causa do nome de Jesus. E cada dia, no templo e pelas casas, não cessavam de ensinar e anunciar que Jesus é o Cristo" (At 5,27-42).

"Entretanto, a palavra de Deus crescia, e o número dos discípulos se multiplicava consideravelmente em Jerusalém. Também um grande grupo de sacerdotes judeus aderiu à fé" (At 6,7). Também entre os sacerdotes do Templo, entre os fariseus e os levitas muitos homens de coração sincero, como Gamaliel, não podiam não reconhecer que a pregação dos apóstolos estava perfeitamente de acordo com o ensinamento de Moisés e as profecias de Davi e de Isaías. O puro "judaísmo", restaurado na sua integridade original e purificado das suas incrustações sucessivas, era justamente aquele, ensinado e vivido por Pedro e pelos "cristãos".

A maioria dos judeus, no entanto, sobretudo nas poderosas elites clericais, via nos seguidores do Messias nada mais que arrogantes rebeldes, loucos e exaltados, perigosos perturbadores da ordem pública e dos costumes sociais e religiosos. As autoridades do sinédrio, portanto, gozando do poder jurídico e penal concedido pelo governo de Roma, passaram à ação desencadeando uma verdadeira e própria perseguição, que devia eliminar fisicamente essa nova seita: "Começou uma grande perseguição contra a Igreja que estava em Jerusalém. Todos, com exceção dos apóstolos, se dispersaram pelas regiões da Judeia e da Samaria". Entre as vítimas mais ilustres esteve Estêvão, o primeiro mártir da Igreja de Cristo, apedrejado, e "entre aqueles que aprovaram a sua morte estava também Saulo", o futuro São

Paulo. Este, de fato, por encargo do sinédrio e por zelo pessoal "devastava a Igreja: entrava nas casas e arrastava para fora homens e mulheres, para atirá-los na prisão".[8]

---

[8] At 8,1-3.

VIII – Começa a conversão dos pagãos

A dispersão de muitos cristãos na região da Samaria, causada pela citada perseguição, abriu providencialmente um novo campo de evangelização. Seu pioneiro foi o diácono Filipe. Este logo deveu, porém, encontrar-se com um personagem singular, que terá um papel de grande importância na sequência de nossa história: o mago Simão, conhecido geralmente como Simão Mago. De fato, "na cidade estava morando um homem chamado Simão. Ele praticava a feitiçaria e fascinava a população da Samaria. Ele se fazia de importante, e todos, do menor ao maior, lhe davam ouvidos e diziam: 'Este homem é a força de Deus, chamada a Grande Força!'. Davam ouvidos a ele porque, desde muito tempo, os fascinava com suas feitiçarias. Depois, porém, passaram a crer na pregação de Filipe sobre o Reino de Deus e o nome de Jesus Cristo, e homens e mulheres se deixaram batizar. Também Simão abraçou a fé, fez-se batizar e se tornou adepto de Filipe..." (At 8,9-13); ou seja: "infiltrou-se entre os cristãos e fingiu aceitar a fé de Cristo, fazendo-se até batizar".[1]

---

[1] Eusébio de Cesareia. *Historia ecclesiastica*, II, 1,11.

"Os apóstolos que estavam em Jerusalém souberam que a Samaria acolhera a palavra de Deus e enviaram para lá Pedro e João. Chegando ali, oraram pelos habitantes da Samaria, para que recebessem o Espírito Santo. Pois o Espírito Santo ainda não viera sobre nenhum deles; só tinham recebido o batismo no nome do Senhor Jesus. Pedro e João impuseram-lhes as mãos, e eles receberam o Espírito Santo" (At 8,14-17). É o primeiro testemunho claro da imposição do sacramento da confirmação, o crisma.

"Simão viu que o Espírito era comunicado pela imposição das mãos dos apóstolos. Ofereceu-lhes dinheiro e disse: 'Dai também a mim este poder, para que aqueles a quem eu impuser as mãos recebam o Espírito Santo'. Pedro, porém, lhe respondeu: 'Que o teu dinheiro vá contigo à perdição! Pensas que podes adquirir o dom de Deus por dinheiro? Não te cabe parte alguma neste assunto, pois teu coração não é reto diante de Deus. Converte-te desta tua maldade e suplica ao Senhor que ele perdoe esse pensamento do teu coração; pois eu te vejo entregue ao fel da amargura e ao laço da iniquidade'". A pretensão ímpia de adquirir com dinheiro carismas espirituais e cargos religiosos tomará, de fato, o nome de simonia.

Como veremos, Pedro e Simão Mago se encontrarão ainda muitas vezes e suas disputas serão recorrentes nas narrativas hagiográficas da vida de São Pedro. É o confronto entre a fascinação dos milagres espetaculares de baixa qualidade com a finalidade de impressionar o público, e a seriedade de uma fé que é busca sincera da verdade e caminho espiritual verdadeiro; entre a religião "comercial", usada como instrumento de poder e de prestígio, e a autenticidade de uma escolha de pobreza real e o respeito do sagrado, não sujeito a interesses e comodidades humanas.

"Eles deram, então, solene testemunho e proferiram a palavra do Senhor" na Samaria. Pedro e João, "voltando para Jerusalém, anunciavam a Boa-Nova em muitos povoados dos samaritanos" (At 8,25).

Entretanto, em Jerusalém se espalhou a voz de um fato desconcertante: o rabino fariseu Saulo, conhecido de todos como violento perseguidor dos cristãos, tinha se tornado também ele cristão, e agora se fazia chamar de Paulo. Uma conversão que deixava todos perplexos e desconfiados. Tanto é que Paulo "chegou a Jerusalém e procurava juntar-se aos discípulos. Mas todos tinham medo dele, pois não acreditavam que ele fosse discípulo. Então, Barnabé o tomou consigo, levou-o aos apóstolos e contou-lhes como Saulo tinha visto, no caminho, o Senhor, que falara com ele, e como, na cidade de Damasco, ele havia pregado, corajosamente, no nome de Jesus" (At 9,26-27).

Provavelmente, Pedro já tinha visto Saulo em outras ocasiões: certamente durante o apedrejamento de Estêvão e nas vezes em que foi convocado com os outros apóstolos no Sinédrio; de fato, Saulo era discípulo de Gamaliel. E devia ser para ele realmente extraordinário vê-lo estar diante dele humilde e submisso. Temos, porém, de acreditar que, depois de ter superado a natural suspeita inicial, Pedro, começando a conversar pela primeira vez com Paulo, tenha se sentido em grande sintonia com ele: ambos ardentemente enamorados de Deus, ambos sinceros buscadores da verdade, ambos zelosos da autêntica e original fé de Israel. Até seu martírio comum em Roma, cerca de trinta anos depois, Pedro e Paulo permanecerão ligados por uma amizade muito profunda: não faltarão, certamente, entre esses dois gigantes espirituais, homens ardentes de Espírito, nobres discussões e afrontas, mas permanecerão sempre unidos, mesmo depois da morte, na trilha comum da fé. O mesmo Paulo, na sua Carta aos Gálatas, acenará a esse primeiro encontro com Pedro: "Depois, três anos mais tarde é que fui a Jerusalém para conhecer Cefas, e fiquei com ele quinze dias. Não me encontrei com nenhum outro apóstolo, a não ser com Tiago, o irmão do Senhor" (Gl 1,18-19).

Estamos mais ou menos no ano 38 d.C. A comunidade apostólica está numa fase em que a atividade missionária fora de Jerusalém começa a se fortalecer mais. Será, sobretudo, Paulo que se vai distinguir como infatigável evangelizador das gentes. Mas também Pedro começava as suas primeiras breves viagens missionárias. O Atos dos Apóstolos menciona, depois da missão na Samaria, uma viagem nas cidades judaicas de Lida e Jope (hoje respectivamente Lod e Tel-Aviv).

"Enquanto Pedro percorria todos os lugares, visitou também os santos que residiam em Lida. Encontrou aí um homem chamado Eneias, que havia oito anos estava deitado numa maca, paralisado. Pedro disse-lhe: 'Eneias, Jesus Cristo te cura! Levanta-te, arruma tu mesmo tua cama!'. Imediatamente Eneias se levantou. Todos os habitantes de Lida e da região do Saron viram isso e se converteram ao Senhor.

"Em Jope, havia uma discípula chamada Tabita, nome que quer dizer Gazela. Eram muitas as boas obras que fazia e as esmolas que dava. Naqueles dias, ela ficou doente e morreu. Então lavaram seu corpo e o velavam no andar superior da casa. Como Lida ficava perto de Jope, os discípulos ouviram dizer que Pedro estava aí e mandaram dois homens com um recado: 'Vem depressa até nós!'. Pedro partiu imediatamente com eles. Assim que chegou, levaram-no à sala de cima, onde todas as viúvas foram ao seu encontro. Chorando, elas mostraram a Pedro as túnicas e mantos que Gazela havia feito, quando vivia com elas. Pedro mandou todo mundo sair. Em seguida, pôs-se de joelhos, a orar. Depois, voltou-se para a morta e disse: 'Tabita, levanta-te!'. Ela abriu os olhos, viu Pedro e sentou-se. Pedro deu-lhe a mão e ajudou-a a levantar-se. Depois chamou os santos e as viúvas, e apresentou-lhe Tabita viva. O fato se tornou conhecido em toda a cidade de Jope, e muitos passaram a crer no Senhor. Nessa ocasião, Pedro ficou muitos dias em Jope, na casa de um certo Simão, curtidor de peles", "cuja casa estava perto do mar".[2]

Sempre em Jope, aconteceu um outro fato de importância fundamental para a evolução da consciência religiosa de Pedro e para a mesma formação do cristianismo. Acompanhemos a narrativa de Lucas.

Como é ainda hoje, quase sempre nas cidades do Oriente Médio, a casa de Simão, o curtidor de peles, de quem Pedro era hóspede, tinha o teto em forma de terraço, para lá poder se reunir e dormir nas noites quentes do verão. Pedro, portanto, como judeu piedoso e praticante, observava o repouso sabático, não tocava os alimentos definidos como impuros pela Torá e rezava regularmente nas horas determinadas. Assim, um dia, "ao meio-dia, Pedro subiu ao terraço para orar". Pés descalços, uma túnica rústica branco-creme gasta

---

[2] At 9,32-43; 10,6.

pelos anos, os filactérios de couro amarrados no braço direito e na fronte, a barba longa (ele devia ter então quase cinquenta anos). Depois da oração, "sentiu fome e quis comer. Mas, enquanto preparavam a comida, entrou em êxtase. Viu o céu aberto e algo como um grande pano ser baixado pelas quatro pontas para a terra. Dentro do pano havia toda espécie de quadrúpedes e répteis da terra e de aves do céu. E uma voz lhe disse: 'Levanta-te, Pedro, mata e come!'. Mas Pedro respondeu: 'De modo algum, Senhor! Nunca comi coisa profana e impura'. A voz lhe falou pela segunda vez: 'Não chames de impuro o que Deus tornou puro'. Isso se repetiu por três vezes. Depois o objeto foi imediatamente recolhido ao céu".

Pedro não compreendeu, e "tentava descobrir o significado da visão que acabava de ter".[3] Por mais de três anos havia vivido com Jesus, e, no entanto, não recordava aquilo que ele costumava dizer: "O que torna alguém impuro não é o que entra pela boca, mas o que sai da boca, isso é que o torna impuro!" (Mt 15,11); e ainda: "Ai de vós, fariseus, porque pagais o dízimo da hortelã, da arruda e de todas as outras ervas, mas deixais de lado a justiça e o amor de Deus. Isto que deveríeis praticar" (Lc 11,42). Muitas vezes, havia escutado e recitado os livros dos profetas, e, no entanto, não recordava aquilo que está escrito em Isaías: "De

---

[3] At 10,9-17.

que me serve a multidão dos vossos sacrifícios? – diz o Senhor. Estou farto de holocaustos de bodes, de gordura de touros. Detesto sangue de novilhos, de cordeiros, de cabritos... Parai de trazer ofertas sem sentido!... Odeio vossas luas novas e dias santos. Tudo isso é um peso que não aguento carregar... Parai de fazer o mal, aprendei a fazer o bem, buscai o que é correto, defendei o direito do oprimido, fazei justiça para o órfão, defendei a causa da viúva!" (Is 1,11-17). E no livro do profeta Miqueias: "Será que o prazer do Senhor está nos milhares de carneiros ou na oferenda de rios de azeite?... Já te foi indicado, ó homem, o que é bom, o que o Senhor exige de ti. É só praticar o direito, amar a misericórdia e caminhar humildemente com teu Deus" (Mq 6,7-8).

Mas, naquele momento, Pedro ainda não compreendia: "tentava descobrir o significado da visão que acabava de ter". Enquanto refletia, ouviu que o chamavam. Três homens o esperavam à porta: o seu patrão Cornélio, "centurião da coorte itálica" de Cesareia, os havia mandado para que chamassem Pedro: precisava dele. Eles, portanto, "chamaram para perguntar se aí se hospedava Simão, conhecido como Pedro. Pedro estava ainda refletindo sobre a visão, mas o Espírito lhe disse: 'Estão aqui três homens que te procuram; levanta-te, desce e vai com eles, sem hesitar, pois fui eu que os mandei'. Pedro desceu ao encontro dos homens e disse: "Sou eu quem estais procurando. Qual é o motivo que vos traz aqui?'. Eles responderam: 'O centurião Cornélio, homem justo e temente a Deus, estimado por toda a população judaica, recebeu de um anjo santo a ordem de te convidar à sua casa, a fim de ouvir o que podes dizer-lhe'. Pedro, então, os fez entrar e lhes ofereceu hospedagem. No dia seguinte, partiu com eles e alguns irmãos de Jope o acompanharam. No outro dia, chegou a Cesareia. Cornélio o estava esperando com seus parentes e amigos mais íntimos, que tinha convidado. Quando Pedro estava para entrar em casa, Cornélio saiu-lhe ao encontro e se lançou aos seus pés em adoração. Mas Pedro o reergueu e disse: "Levanta-te, eu também sou apenas um homem!'. Continuando a conversar com Cornélio, entrou na casa. Encontrou muitas pessoas reunidas".

Cesareia era uma cidade eminentemente pagã; Cornélio e sua família eram pagãos. Pedro sabia muito bem que, segundo a Lei de Moisés, um judeu deve se abster do contato com tudo aquilo que é impuro, inclusive as pessoas dos pagãos: não é lícito, portanto, hospedar-se nas casas deles ou comer junto com eles. Era um modo de preservar os judeus de se contaminar com os usos, muitas vezes imorais e irreligiosos, dos idólatras. Pedro estava consciente de tudo isto, mas sabia também que "o homem vê a aparência, o Senhor vê o coração" (1Sm 16,7).

Começou então a compreender que, embora as observâncias rituais não sejam em si erradas ou lamentáveis, é todavia errado e lamentável dedicar tempo e energia a elas e por causa delas esquecer-se das coisas realmente importantes: o cuidado da própria alma, o amor para com Deus e para com o próximo, a luta contra os vícios, os egoísmos e as paixões que corrompem o coração do homem. Começou então a compreender que, se é profano e imundo quem tocou um animal impuro ou o sangue, mil vezes mais profano e imundo é quem alimenta dentro de si sentimentos impuros ou que está apegado ao dinheiro. Lembrou-se dos trechos de Isaías e de Miqueias, das palavras de Jesus e da visão que tinha tido em Jope e de repente lhe pareceu tudo claro. "Vós bem sabeis que a um judeu é proibido relacionar-se com um estrangeiro ou entrar em sua casa. Ora, Deus me mostrou que não se deve dizer que algum homem é profano ou impuro. Por isso, logo que me mandaste chamar, eu vim sem hesitar." Quantos fariseus, conhecedores da Torá, tinham olhado para Jesus com inveja e raiva, até fazê-lo morrer, porque havia derrubado as suas convenções sociais e havia desmascarado as suas hipocrisias e contradições! Que atmosfera bem diferente, ao contrário, havia aqui em Cesareia, na casa de uma família pagã, pessoas humildes, amáveis, desejosas de conhecer a Deus! Cornélio, com orgulho e respeito, se dirigiu ao apóstolo: 'Eu te mandei chamar e tu fizeste bem em vir. Agora, portanto, estamos todos aqui, na presença de Deus, prontos para ouvir o que o Senhor te encarregou de nos dizer'. Então, Pedro tomou a palavra: 'De fato', disse, 'estou compreendendo que Deus não faz discriminação entre as pessoas. Pelo contrário, ele aceita quem o teme e pratica a justiça, qualquer que seja a nação a que pertença.

'Deus enviou sua palavra aos israelitas e lhes anunciou a Boa-Nova da paz, por meio de Jesus Cristo, que é o Senhor de todos. Vós sabeis o que aconteceu em toda a Judeia, a começar pela Galileia, depois do batismo pregado por João: como Jesus de Nazaré foi ungido por Deus com o Espírito Santo e com poder. Por toda parte, ele andou fazendo o bem e curando a todos os que estavam dominados pelo diabo; pois Deus estava com ele. E nós somos testemunhas de tudo o que Jesus fez na região dos judeus e em Jerusalém. Eles o mataram, suspendendo-o no lenho da cruz. Mas Deus o ressuscitou no terceiro dia e concedeu-lhe que se manifestasse, não a todo o povo, mas às testemunhas designadas de antemão por Deus: a nós, que comemos e bebemos com Jesus, depois que ressuscitou dos mortos. E ele nos mandou proclamar ao povo e testemunhar que Deus o constituiu Juiz dos vivos e dos mortos. A seu respeito, todos os profetas atestam: todo o que crê nele recebe, no seu nome, o perdão dos pecados'.

Pedro estava ainda falando, quando o Espírito Santo desceu sobre todos os que estavam escutando a palavra. Os fiéis de origem judaica, que tinham vindo com Pedro, ficaram admirados de que o dom do Espírito Santo fosse derramado também sobre quem era de origem pagã. Pois eles os ouviam falar em línguas estranhas e louvar a grandeza de Deus. Então, Pedro falou: 'Podemos, por acaso, negar a água do batismo a estas pessoas, que receberam, como nós, o Espírito Santo?'. E mandou que fossem batizados no nome de Jesus Cristo. Eles pediram, então, que Pedro ficasse alguns dias com eles".[4] Pela primeira vez na vida Pedro é hóspede de uma família não judia. Talvez pela primeira vez come alimentos considerados "impuros" e proibidos pela Lei judaica. Mas descobre que aquelas pessoas são na realidade muito mais "puras" que muitos judeus. Certamente embaraçado por se encontrar à mesa com pagãos, hesitante, deslocado, Pedro olha, no entanto, os rostos sorridentes e alegres de Cornélio, de sua mulher, dos seus filhos: ouve a sua oração em latim antes da refeição, para ele incompreensível, mas cheia de devoção humilde. Compreende que os pecados não são somente comer carne de porco ou se esquecer de lavar as mãos antes da refeição: os verdadeiros pecados são se esquecer de amar o próprio irmão, de sorrir para que está diante

---

[4] At 10,1.17-48.

de nós, de dizer uma palavra gentil, de elevar ao céu olhos simples e inocentes.

Esse singular acontecimento nos faz refletir também sobre um diferente aspecto importante da personalidade e da mentalidade de Pedro. Cornélio era uma autoridade militar e civil de certa importância e representava o poder romano numa das maiores cidades da Palestina. Essa ocasião poderia ter sido, para o apóstolo, propícia para "atar relações diplomáticas", procurar ganhar a proteção e o favor das autoridades. Se Pedro conseguisse, através de Cornélio, convencer os romanos, eles poderiam sem mais impedir as autoridades farisaicas e sacerdotais judaicas de difamar, molestar e perseguir os cristãos. Ou então, ao contrário, Pedro poderia estar no partido oposto: o dos zelotes antirromanos, ganhando, assim, a simpatia dos judeus observantes. Naqueles anos, de fato, os movimentos de independência filojudaicos, geralmente armados, mas de alguma forma frequentemente animados por um desejo sincero de defender a tradição religiosa de Israel do jugo paganizador dos romanos, eram então a única esperança de defender a identidade nacional e cultural judaica. Mas, para Pedro, nada disso interessava. Em toda a aventura terrena de Pedro, como, aliás, também de Jesus, não há nunca um interesse pela política. Nada há de mais estranho ao espírito dos apóstolos que o recorrer a manobras diplomáticas e a partidos políticos. Para Pedro, Cornélio não era nem um respeitável centurião nem um romano pagão: era simplesmente um homem, um homem temente a Deus, e, portanto, aceito por Deus.

Entretanto, "os apóstolos e os irmãos que viviam na Judeia souberam que também os de origem pagã haviam acolhido a palavra de Deus. Quando Pedro subiu a Jerusalém, os fiéis de origem judaica se puseram a discutir com ele dizendo: 'Tu entraste em casa de incircuncisos e comeste com eles!'" (At 11,1-4). Então, Pedro começou a contar-lhes, ponto por ponto, o que havia acontecido, e disse: "'Se Deus concedeu a eles o mesmo dom que a nós, que acreditamos no Senhor Jesus Cristo, quem seria eu para me opor à ação de Deus?'. Ao ouvirem isso, os fiéis de origem judaica se acalmaram e glorificavam a Deus, dizendo: 'Também aos não judeus Deus concedeu a conversão que leva à vida!'" (At 11,17-18).

IX – A perseguição de Herodes e o Concílio de Jerusalém

Foi o começo da missão cristã entre os povos. Justamente naqueles tempos, de fato, também Paulo e Barnabé partiram para Antioquia da Síria, onde permaneceram um ano para anunciar a Boa-Nova de Cristo. Nesse ínterim, o neto de Herodes, o Grande, Herodes Agripa, amigo dos imperadores Calígula e Cláudio, ele mesmo educado em Roma, segundo a formação dos princípios helenistas conhecidos, recebeu de Cláudio, no ano 41 d.C., o título de rei e governou toda a Palestina até 44, ano da sua morte. Mesmo sendo uma pessoa muito piedosa e temente a Deus, quis, porém, angariar o favor dos judeus zelando pela observância da Lei judaica e perseguindo os cristãos.

"Naquele tempo, portanto, o rei Herodes começou a perseguir alguns membros da Igreja e fez matar à espada Tiago, irmão de João." Pedro e Tiago tinham sido amigos de infância, companheiros de pesca no lago de Genesaré, tinham vivido lado a lado como discípulos de Cristo por mais de dez anos, e agora Pedro o via levado pelos soldados para o suplício e via cair por terra a sua cabeça decepada. Uma dor enorme para Pedro, repetida no período de pouco tempo vendo conduzida à morte uma outra vítima da perseguição de Herodes: sua mulher. Ela, como já recordamos, tinha se tornado provavelmente parte da comunidade cristã de Jerusalém, como "irmã" de Pedro. É verossímil, embora não certo, que o seu martírio deva ser situado nesses anos. Clemente de Alexandria acena para ele com tocante humanidade: "O bem-aventurado Pedro, quando viu a própria mulher conduzida à morte, se alegrou que ela tivesse sido chamada e voltasse à verdadeira casa, e chamando-a pelo nome disse estas palavras de grande encorajamento e consolação: "Ó minha querida, lembre-se do Senhor!"".[1]

Mas voltemos à narrativa de Atos dos Apóstolos. Depois da morte de Tiago, Herodes, "vendo que isso agradava aos judeus, mandou prender também a Pedro. Eram os dias dos Pães sem fermento. Depois de prender Pedro, Herodes lançou-o na prisão, guardado por quatro grupos de quatro soldados. Herodes tinha a intenção de apresentá-lo ao povo depois da festa da Páscoa. Enquanto Pedro era mantido na prisão, a Igreja orava continuamente a Deus por ele. Quando Herodes estava para fazê-lo comparecer, naquela mesma noite, Pedro dormia entre dois soldados, preso com duas correntes; e os guardas vigiavam a porta da prisão. Foi quando apareceu o anjo do Senhor, e uma

---

[1] Clemente de Alexandria. *Stromata*, VII, 63,3.

luz iluminou a cela, o anjo tocou o ombro de Pedro, acordou-o e disse: 'Levanta-te depressa!' as correntes caíram-lhe das mãos. O anjo continuou: 'Põe o cinto e calça tuas sandálias!'. Pedro obedeceu, e o anjo lhe disse: 'Veste tua capa e vem comigo!'. Pedro acompanhou-o, sem saber que a intervenção do anjo era realidade; pensava que era uma visão.

"Depois de passarem pela primeira e pela segunda guarda, chegaram ao portão de ferro que dava para a cidade. O portão abriu-se sozinho e eles saíram; caminharam por uma rua, e logo depois o anjo o deixou. Então Pedro caiu em si e disse: 'Agora sei, de fato, que o Senhor enviou o seu anjo para me livrar do poder de Herodes e de tudo o que a população judaica esperava'. Ele se orientou e foi à casa de Maria, mãe de João, chamado Marcos. Lá estavam muitos reunidos para orar. Bateu no portão de entrada, e uma criada, chamada Rosa, foi atender. Ela reconheceu a voz de Pedro, e tanta foi sua alegria que, em vez de abrir a porta, entrou correndo para contar que Pedro estava ali diante da porta. 'Estás louca!', disseram-lhe. Mas ela insistia. Opinaram então: 'Deve ser o seu anjo'. Pedro, entretanto, continuava a bater. Finalmente abriram a porta. Viram então que era ele; e ficaram atônitos. Com a mão, Pedro fez sinal para que ficassem calados. Contou-lhes como o Senhor o fizera sair da prisão, e acrescentou: 'Contem isso a

Tiago e aos irmãos'"[2] (isto é, Tiago Menor, o "irmão do Senhor").

João, chamado também Marcos, que é mencionado na narrativa, é o futuro evangelista, sobrinho de Barnabé. Era o mais jovem dos apóstolos e cheio de zelo pela Igreja. Paulo e Barnabé levaram-no consigo na missão em Antioquia. Mais tarde ele continuará a viagem missionária com seu sobrinho, em Chipre. Uns quinze anos depois, o encontraremos em Roma, sempre junto de Pedro e de Paulo.

Enquanto isso, justamente enquanto a missão *ad gentes* progredia muito, a Igreja de Jerusalém cresceu e se consolidou como coluna e mãe de todas as Igrejas nascentes. "Jerusalém, a Santa Igreja dos Judeus",[3] permaneceu inevitavelmente a origem e o centro da fé. Os apóstolos e os anciãos são o seu conselho supremo, sob a guia de Pedro. Desde os tempos da prisão de Pedro, durante a perseguição de Herodes (43 a.C.), no entanto, o governo da Igreja tinha passado, pelo menos formalmente, para aquele que a tradição recordará como o primeiro bispo de Jerusalém: Tiago Menor, um dos Doze apóstolos de Cristo (de quem era, por outro lado, sobrinho de sangue). Pedro, que agora frequentemente se encontrava em viagem fora da Judeia para anunciar o Evange-

---

[2] At 12,1-17.

[3] *Clementinae*. Epístola Clementis ad Iacobum, Prol.

lho e combater a propaganda de Simão Mago, como veremos no próximo capítulo, e Tiago, estavelmente residente em Jerusalém, governavam a Igreja com sabedoria e autoridade. Bem depressa, porém, deverão se encontrar com os problemas, quase desconhecidos deles, da conversão dos pagãos. Até então, os cristãos eram quase todos judeus, circuncisos, descendentes de Abraão e de Moisés (com a "escandalosa" exceção do centurião Cornélio e da sua família). Mas de Antioquia, cidade da Síria profundamente helenizada e em sua maioria pagã, chegavam os primeiros sinais de uma crise no método missionário.

Estamos no ano 49, mais ou menos. Paulo e Barnabé, com Marcos, se encontram há tempo na metrópole síria e em Jerusalém se espalha a voz de que eles começam a se descuidar de aspectos fundamentais da lei mosaica, como a circuncisão e a distinção entre alimentos puros e impuros. Acontece então que "chegaram alguns homens da Judeia, que ensinavam aos irmãos de Antioquia: 'Se não fordes circuncidados, como ordena a lei de Moisés, não podereis ser salvos'. Isso provocou muita confusão, e houve uma grande discussão de Paulo e Barnabé com eles. Finalmente, decidiram que Paulo, Barnabé e alguns outros fossem a Jerusalém, para tratar dessa questão com os apóstolos e os anciãos. Providos e encaminhados pela comunidade, Paulo e Barnabé atravessaram a Fenícia e a Samaria. Contaram sobre a conversão dos pagãos, causando grande alegria entre todos os irmãos. Chegando a Jerusalém, foram recebidos pelos apóstolos e os anciãos, e narraram as maravilhas que Deus tinha realizado por meio deles. Alguns da seita dos fariseus, que haviam abraçado a fé, protestaram dizendo que era preciso circuncidar os pagãos e obrigá-los a observar a Lei de Moisés.

"Então, os apóstolos e os anciãos reuniram-se para tratar desse assunto. Depois de uma longa discussão, Pedro levantou-se e falou: 'Irmãos, vós sabeis que, desde os primeiros dias, Deus me escolheu dentre vós para que os pagãos ouvissem de minha boca a palavra da Boa-Nova e abraçassem a fé. Ora, Deus, que conhece os corações, lhes prestou uma comprovação, dando-lhes o Espírito Santo como o deu a nós. E não fez discriminação entre nós e eles, mas purificou o coração deles mediante a fé. Então, porque agora colocais Deus à prova, querendo impor aos discípulos um jugo que nem nossos pais, nem nós mesmos pudemos suportar? Ao contrário é pela graça do Senhor Jesus que cremos ter sido salvos, exatamente como eles'" (At 15,1-11).

É o assim chamado Concílio de Jerusalém. Nele sobressai claramente a colegialidade da discussão, mas também a autoridade final e determinante de Pedro. Nele, além disso, é definida de maneira explícita a não obrigatoriedade da observância da Lei mosaica. Um passo, como se compreende, de fundamental importância. É anunciado claramente aquilo que na realidade já a Torá e, sobretudo os profetas nunca deixaram de repetir, isto é, que a salvação do homem não depende de uma observância formal das prescrições da Lei (um jugo, de resto, que, como bem recorda São Pedro, "nem os nossos pais nem nós mesmos pudemos suportar"), mas da pureza do coração, do amor, da humildade sincera. Isto naturalmente não implica que não haja mais leis morais que devam ser observadas, mas elas devem ser reduzidas ao "mínimo". E o Concílio de Jerusalém definiu esse "mínimo" de observância moral: "Evitar o que está contaminado pelos ídolos, as uniões ilícitas, comer carne de animais sufocados e o uso do sangue" (At 15,20). Quanto ao mais, era preciso dedicar o próprio tempo e as próprias energias não a mil detalhes rituais, mas a purificar a própria alma das paixões, do egoísmo e do apego.

São Paulo, satisfeito com o êxito do Concílio, recordará mais tarde um gesto significativo que selou a unidade e a concórdia da Igreja naquele dia: "Tiago, Cefas e João, considerados as colunas da Igreja, deram-nos a mão, a mim e a Barnabé, como sinal de nossa comunhão recíproca" (Gl 2,9). Apesar de, como veremos, numa ocasião Paulo ter motivo de repreender Pedro pelo seu "jogo duplo" em relação à observância da lei, seria errado apresentar Pedro como um fautor do partido judeu-cristão e Paulo como fautor da única fé e da superação da Lei. Na realidade, Pedro reconhecerá, para todos os efeitos, o valor da fé e da pureza de coração independentemente da Lei (tanto no caso de Cornélio como no Concílio de Jerusalém), da mesma forma que Paulo, arauto da "liberdade" cristã em relação à Lei, não se cansará, porém de repetir: "Confesso-te, porém, uma coisa: é segundo o Caminho – que eles chamam de seita – que eu sirvo o Deus de nossos pais. Acredito em tudo o que está conforme a Lei e em tudo o que se encontra escrito nos Profetas" (At 24,14), e declarará ele mesmo que oferece ainda sacrifícios no templo segundo as prescrições rituais judaicas.[4] De resto, partindo novamente de Jerusalém depois do Concílio, Paulo, dirigindo-se à Ásia Menor, Macedônia e Grécia, junto com Timóteo e Silvano (Silas), "percorrendo as cidades, transmitiam as decisões que os apóstolos e anciãos de Jerusalém haviam tomado e recomendavam que fossem observadas" (At 16,4).

---

[4] Cf. At 24,17-18.

X – De volta a Antioquia

Em Atos dos Apóstolos, depois do Concílio de Jerusalém, acontecido no ano 49 ou no ano 50, não se fala mais de Pedro. Evangelhos e Atos apócrifos, como também crônicas e hagiografias posteriores, ao contrário, nos narram detalhadamente os vários deslocamentos de Pedro até sua chegada a Roma. Como recordamos na Introdução, estes relatos nem sempre são confiáveis, todavia, parece-nos justo, sem mais, prosseguir a nossa narração baseando-nos neles por vários motivos: antes de tudo, porque, se os excluíssemos, não teríamos nenhuma outra fonte histórica relativa a esses últimos quinze anos de vida do apóstolo; depois, porque é de alguma forma verossímil que neles se tenham conservado muitos elementos de verdade, passados oralmente; finalmente, porque também os aspectos lendários da vida de Pedro constituem, de alguma forma, um aspecto importante da sua aventura terrena, do modo como foi recebida pela tradição da Igreja no correr dos séculos.

As *Homilias de São Clemente*, que narram prolixamente as aventuras de Pedro com Simão Mago, tanto em Israel como em Roma, começam com a chegada de Clemente em Cesareia da Palestina (a hodierna cidade marítima de Qaisarye, 36 km ao sul de Haifa, que não deve ser confundida com Cesareia de Filipe). Clemente, romano, era um homem em busca da verdade. Tinha ouvido falar de Jesus e quis vir para conhecer os seus discípulos. Embarcando em Alexandria do Egito, "depois de quinze dias – conta – cheguei a Cesareia. Colocando o pé em terra firme, procurava hospitalidade e vim saber que um tal chamado Pedro, o mais fiel discípulos daquele homem [Jesus] que tinha aparecido na Judeia realizando milagres e portentos, no dia seguinte, teria uma discussão pública com Simão o Samaritano", isto é, Simão Mago.[1] Este "ensinava de modo persuasivo várias doutrinas espiritualistas misturadas com a mitologia grega e, além disso, realizava esses e muitos prodígios assombrosos que, se não tivéssemos sabido que os realizava por meio de arte mágica, também nós teríamos sido enganados".[2]

Em Cesareia, segundo as *Homilias*, Pedro manteve, por bem três dias seguidos, discussões públicas com Simão Mago sobre a fé e sobre as Escrituras. Depois, Simão fugiu para Tiro. Também Pedro quis alcançá-lo lá. Mas antes ordenou Zaqueu "bispo" de Cesareia, aquele que vinte anos antes tinha recebido em sua casa o Cristo. As etapas da viagem de

---

[1] *Clementinae*, I,15.

[2] *Clementinae*, II,25.

Pedro foram, portanto, as cidades libanesas de Tiro, Sidon e Berito (a hodierna Beirute). Antes que ele fosse embora, muitos doentes "caíram de joelhos aos seus pés. Ele elevou as mãos ao céu e rezou a Deus e os curou a todos somente com a oração. Tendo ficado, portanto alguns dias entre os habitantes de Berito, instruindo--os na religião do Deus único e batizando-os, deixou para eles um bispo de entre os anciãos que o seguiam".[3]

A etapa seguinte foi Trípoli, sempre no Líbano. Aqui se hospedou na casa de Maroun (marun), aquele que, segundo a tradição, será o fundador da Igreja maronita. Todo dia, fazia discursos sobre a fé, em casa ou no jardim ao lado. E quase sempre uma multidão numerosa o ouvia. Num daqueles dias, depois que a multidão tinha ido embora para o almoço, permaneceram somente os discípulos mais íntimos, entre os quais o mesmo Clemente, que narra os fatos: "Tendo saído os outros, Pedro lavou as mãos, junto com os outros que quisessem, e mandou que nos sentássemos no chão sob a copa frondosa de algumas árvores, para ter sombra, e estabeleceu o lugar de cada um, de acordo com a sua dignidade. Depois comemos. No final, ele abençoou e agradeceu a Deus, segundo o costume religioso dos judeus e, vis-

---

[3] *Clementinae*, VII, 12.

to que havia ainda muito tempo, nos permitiu fazer-lhe perguntas, se quiséssemos".[4]

Depois de quase três meses, no último dia da sua permanência em Trípoli, tomou consigo muitos crentes e "os batizou nas fontes que se encontravam perto do mar, partiu o pão da eucaristia e ordenou bispo Maroun, que o havia hospedado e já era convertido".[5] Depois, partiu para Antioquia da Síria. Devia ser mais ou menos o ano 52.

A presença de Pedro em Antioquia teve, na história da Igreja, uma grande relevância. Desde o início, são recordadas como principais e tradicionais "sedes" do apóstolo, fora de Israel, Antioquia e Roma. Antioquia (hoje Antakya, na Turquia, nos limites com a Síria) era uma das grandes metrópoles do mundo antigo. Junto com Damasco, era a cidade mais importante da Síria, que, por sua vez, era um dos postos avançados orientais do helenismo e da colonização romana. Antioquia era uma cidade internacional. Embora a língua mais usada fosse uma forma de aramaico (o siríaco), nela se falava correntemente o latim e, sobretudo, o grego. Importante centro político e comercial, Antioquia era também um crisol de culturas e religiões. Vários cultos antigos do Oriente Médio sobreviviam sob o manto sólido

---

[4] *Clementinae*, X, 26.
[5] *Clementinae*, XI, 36.

e incisivo da "globalização" helenista-romana que fazia de Antioquia uma cidade substancialmente pagã. Pedro teve provavelmente aqui, pela primeira vez, a ocasião de ver de perto uma sociedade pagã não mais somente em algum centro menor de província, mas no mesmo coração do helenismo. Com certeza ficou tristemente impressionado com os traços característicos de todas as sociedades metropolitanas decadentes e ateias: consumismo e agitação comercial, imoralidade nas roupas femininas e nos relacionamentos entre os sexos, libertinagem e prostituição, superficialidade dos valores e desorientação ética e espiritual. Ao mesmo tempo, porém, bem dentro desse vazio religioso e dessa falta de pontos de referência, Pedro pôde observar uma insatisfação de fundo, uma inquietude, uma procura de verdade: viu-o, sobretudo, quando foi levado à comunidade cristã local, fundada poucos anos antes por Paulo e Barnabé. Lá estavam reunidos homens e mulheres das mais diversas classes sociais, provenientes não mais – como Pedro estava acostumado a ver – do judaísmo, mas, na maioria das vezes, daquele paganismo insípido e inconsistente que caracterizava o mundo greco-romano. Homens e mulheres crescidos quase sem nenhuma educação religiosa, espiritual e moral, ignorantes da Torá e dos profetas, e, no entanto, com um coração apaixonadamente cheio do desejo de encontrar Deus, um coração cheio de costumes viciados e de ignorância, mas em procura humilde e sincera.

Aquela Antioquia era de fato a primeira consistente comunidade cristã de não judeus. Pedro não estava acostumado a isso. A sua única experiência deste tipo tinha sido a casa de Cornélio em Cesareia: poucas pessoas, um caso isolado. Agora Pedro começava a compreender verdadeiramente que Deus ama os pagãos tanto quanto ama os judeus. No entanto, Pedro era judeu e se sentia tal. A sua vocação era a de levar o anúncio de Cristo aos judeus. São Paulo escreverá claramente: "pelo contrário, viram que a evangelização dos pagãos fora confiada a mim, como a Pedro tinha sido confiada a dos judeus" (Gl 2,7). A tradição da Igreja será unânime em atestar que "Pedro pregou o Cristo para os judeus".[6]

Certamente, os judeus de Antioquia não eram como os de Jerusalém. Como em Alexandria do Egito, onde vivia a maior comunidade judaica no exterior, também nas outras comunidades da diáspora, inclusive a da Síria, o judaísmo original tinha sofrido alterações e adaptações notáveis. Antes de tudo, lá se encontrava mais dificilmente um conhecimento comum do hebraico e, consequentemente, se utilizava muito, também na liturgia da sinagoga, a Bíblia assim chamada dos LXX, uma tradução

---

[6] Eusébio de Cesareia. *Historia ecclesiastica*, III, 4,2.

grega do Texto Sagrado feita no século III a.C. A adoção da língua internacional do helenismo era acompanhada também pela absorção de muitos outros elementos greco-romanos, da arquitetura à pintura, da música ao vestuário e, em geral, do estilo de vida, mais "moderno" em relação ao dos judeus observantes da Palestina. Por outro lado, os judeus da diáspora tinham conseguido até ter os próprios tribunais religiosos e não estar sujeitos completamente à jurisdição do Sinédrio de Jerusalém (embora este permanecesse, de alguma forma, um ponto de referência que nenhum judeu podia ignorar).

O caráter dos judeus da diáspora era devido também ao fato de que muitos deles provinham do paganismo. Não poucas pessoas, de fato, insatisfeitas com o vazio moral e espiritual que o mundo greco-romano oferecia, eram atraídas pela austeridade, pela moralidade, pela seriedade que notavam nas comunidades judaicas. O judaísmo se apresentava aos seus olhos como uma religião sólida, compacta, bela nas liturgias e na vida fraterna, fundamentada, além disso, naqueles princípios pregados também por Sócrates, Platão e as outras sumidades filosóficas da cultura clássica: unidade e transcendência de Deus, excelência de uma moralidade ascética e casta etc. Justamente naqueles anos, o grande Filão de Alexandria se fazia arauto incansável dessa representação do judaísmo nos termos da filosofia clássica.

Pedro, provavelmente, conhecia bem pouco da filosofia grega. O seu judaísmo era puro, à moda antiga, fortemente bíblico. Todavia, vivendo também ele num mundo que, querendo ou não, era maciçamente helenizado, e propondo comunicar-se com pessoas, também com judeus, que geralmente não sabiam o hebraico, Pedro deveu usar e citar, como quase todos os outros apóstolos e evangelizadores, a Bíblia grega dos LXX.

Provavelmente em Antioquia, Pedro visitou tanto as comunidades cristãs já existentes como as judaicas, que constituíam a sua específica missão e meta. E foi novamente a questão da relação entre o judaísmo e a Lei mosaica que dificultou e fez vacilar os passos da jovem Igreja cristã. Quando Pedro chegou a Antioquia, de fato, se encontrava lá também Paulo, entre uma e outra de suas longas viagens missionárias. Agora, já estava claro que para os cristãos não era mais obrigatória a circuncisão, nem a observância das proibições alimentares judaicas. O mesmo Pedro o dissera no Concílio de Jerusalém. Mas na Judeia e, sobretudo, em Jerusalém, sob a orientação de Tiago, o mais "judeu" dos apóstolos, os cristãos – todos ex-judeus e frequentemente ex-fariseus – continuavam a observar com naturalidade a lei mosaica. Podiam aceitar que os pagãos tornados cristãos estivessem isentos dessas prescrições, mas não que delas estivessem isentos também os circuncisos.

Pois bem, Paulo relata: "Mas quando Cefas chegou a Antioquia, opus-me a ele abertamente, pois merecia censura. Com efeito, antes que chegassem alguns de junto de Tiago, ele tomava refeição com os não judeus. Mas, depois que eles chegaram, Cefas começou a afastar-se, por medo dos da circuncisão. E os demais judeus acompanharam-no nessa dissimulação, a ponto de até Barnabé se deixar arrastar pela hipocrisia deles. Quando vi que não estavam procedendo direito, de acordo com a verdade do Evangelho, disse a Cefas, diante de todos: 'Se tu, que és judeu, vives como gentio e não como judeu, como podes obrigar os gentios a viverem como judeus?'" (Gl 2,11-14). É claro que aqui não se trata de uma dissensão doutrinal entre os dois apóstolos, mas somente de uma fraqueza humana por parte de ambos: Paulo, homem de caráter impetuoso e forte, foi talvez excessivamente rígido na sua posição de rejeição da observância judaica; Pedro, ao contrário, foi vítima do medo, da vergonha, de certa incoerência e – como diz Paulo – "hipocrisia".

Antes de partir de Antioquia, Pedro, segundo a tradição, nomeou Evódio bispo da cidade síria, um dos setenta e dois nomeados por Cristo mesmo antes da sua Paixão. Na realidade, segundo São Jerônimo[7] e muitas outras fontes antigas respeitáveis, o mesmo Pedro foi o primeiro bispo de Antioquia. Para nós é difícil comentar este dado histórico, quer porque o conceito de "bispo" é, no século I, ainda muito inconsistente e frequentemente equivale a "presbítero", quer porque não temos outras notícias certas que nos permitam avalizar ou rejeitar esta tradição. Permanece o fato que, já nos primeiros séculos, a Igreja romana celebrava, na data de 22 de fevereiro, a festa da Cátedra de São Pedro, cuja denominação completa era exatamente: *Natalis cathedrae sancti Petri apostoli qua sedit apud Antiochiam.*

---

[7] Cf. Jerônimo. *De viris illustribus*, I.

XI – Pedro em Roma

Desse momento em diante, os dados históricos sobre a vida de Pedro são muito exíguos. Além da quase certeza da sua permanência e martírio em Roma, não sabemos mais nada. Vem-nos, porém, em socorro, tanto a "razoável" reelaboração dos poucos dados de que dispomos como a tradição hagiográfica, que, ao contrário, é riquíssima de notícias mais ou menos lendárias. Supondo, portanto, que o apóstolo tenha chegado a Roma por volta do ano 53/54, é verossímil que ele, deixando Antioquia, tenha viajado diretamente para a capital do império. Do aceno contido na sua primeira carta,[1] parece provável que ele, para se dirigir à Itália, tenha passado pelas regiões da Galácia, Bitínia, Capadócia e Ponto (hoje Turquia central e setentrional), como atesta também o historiador Eusébio de Cesareia.[2]

Mas como Pedro viajava, onde parava para pernoitar, com quem ficava? Certamente ele era pobre e viajava pobremente, a pé. Dante diz muito bem, referindo-se a Pedro e Paulo, que eles viajavam "magros e descalços, toman-

---

[1] 1Pd 1,1.
[2] Eusébio de Cesareia. *Historia ecclesiastica*, III, 1,2.

do alimento em qualquer albergue".[3] Acompanhado por poucos aventureiros homens de fé, Pedro provavelmente não levava quase nada consigo: talvez somente algum objeto pertencente ao Senhor, talvez algum papiro com algumas passagens ou livros inteiros da Bíblia em hebraico ou em grego. Paravam para dormir sob as árvores nos campos, ou em alguma gruta da montanha, ou em albergues espartanos. Os hagiógrafos relatam que, quando ele se encontrava só e meditava, talvez percorrendo os lugarejos isolados da Anatólia central e ao longo das costas do Mar Negro, "chorava amargamente quando lhe vinha a recordação de como tinha renegado [o Senhor], de tal modo que o seu rosto, segundo o testemunho de Clemente, ficava todo regado de lágrimas. Conta-se também que, toda noite, quando ouvia o canto de algum galo, Pedro se levantava e se punha em oração e que de novo as lágrimas brotavam copiosas dos seus olhos".[4]

Certamente, o apóstolo parava também nas comunidades judaicas que encontrava ao longo de seu caminho. Dessa forma, podia participar da oração comum na sinagoga e anunciar a todos que o Messias já tinha chegado. Criavam-se, assim, pequenas comunidades judaico-cristãs, às quais, justamente, seria dirigida a Primeira Carta de Pedro, por

---

[3] Dante. *Paradiso*, XXI, 128-129.

[4] Tiago de Varagine. *Legenda aurea*. De S. Petro Apostolo.

ele escrita depois da sua chegada a Roma. No seu longo percurso da Síria à Itália, Pedro, certamente, encontrou também as comunidades cristãs já fundadas por Paulo: provavelmente Derbe, Listra e Icônio, talvez Éfeso ou então Filipe e Bereia, certamente Corinto. É possível que, durante essa viagem, ele tenha reencontrado seu irmão André, como também os dois coapóstolos, concidadãos e companheiros de infância de Filipe e João. Os primeiros dois, pouco tempo depois da ascensão de Cristo, tinham partido para evangelizar a Ásia Menor e a Grécia. João, ao contrário, tendo recebido de Jesus o encargo especialíssimo de cuidar da sua Mãe santíssima, tinha se dirigido a Éfeso e lá vivia, tendo Nossa Senhora em sua casa. Não sabemos se Pedro teve a alegria imensa de rever ainda uma última vez João, que tinha sido o seu amigo mais querido e mais íntimo não só na juventude, mas também nos anos passados com Jesus: tinham estado sempre juntos e um afeto especial os unia.

Da Grécia, Pedro teria depois embarcado para um dos portos da Itália meridional. Segundo relato contido nos apócrifos *Atos de Pedro*,[5] no entanto, quando Simão Mago se dirigiu para Roma para difundir sua heresia, o apóstolo, tendo decidido segui-lo para derrotá-lo, teria embarcado diretamente de Cesareia da Palestina, na direção da Itália. O capitão da

---

[5] Atos de Pedro, IV-VI.

nave – diz *Atos* – era um certo Teão, homem temente a Deus e desejoso de ouvir as palavras de Pedro. Durante a viagem, Teão se fez batizar: "Pedro desceu no mar por meio de uma corda e batizou Teão em nome do Pai, do Filho e do Espírito santo". Depois, entrando na cabina de comando, Pedro celebrou a eucaristia e Teão recebeu a primeira Comunhão. Aportados em Pozzuoli, Pedro se hospedou no albergue de certo Aristão. Segundo a tradição, ele teria sido hóspede em Nápoles, também da matrona Cândida (santa Cândida, uma das patronas de Nápoles).

De qualquer forma, independentemente do trajeto, Pedro chegou finalmente a Roma. Este dado não somente é aceito unanimemente pela tradição da Igreja desde as origens, como é hoje considerado também historicamente certo. Não sabemos se realmente Simão Mago veio para Roma e se o apóstolo foi para lá a fim de refutá-lo. Mas é certamente verossímil que, como quase todos os outros apóstolos e evangelizadores partiram para anunciar Cristo em toda direção da terra, assim Pedro tenha escolhido levar a sua missão na cidade capital do império romano. São Jerônimo, resumindo os dados tradicionais aceitos pela Igreja, escreve: "Depois de ter sido bispo de Antioquia e depois de ter pregado aos judeu-cristãos da diáspora no Ponto, na Galácia, na Capadócia, na Ásia e na Bitínia, durante o segundo ano do imperador Cláudio [42 d.C.], dirigiu-se para Roma com o objetivo de debelar Simão Mago. Lá ocupou a cátedra episcopal por vinte e cinco anos, até no último ano de Nero, isto é, até no décimo quarto ano do seu reino [67-68 d.C.]; sob Nero recebeu a coroa do martírio".[6] As datas tradicionais do ano 42 e do ano 67 aparecem, na verdade, um tanto problemáticas. Que a morte do apóstolo tenha acontecido em 67 é bem possível, embora não poucos historiadores modernos prefiram o ano 64, ano do incêndio de Roma e da perseguição anticristã de Nero. No entanto, quanto à data de chegada, já vimos que, segundo os Atos dos Apóstolos e a Carta aos Gálatas, Pedro, no ano 49-50, estava em Jerusalém para o Concílio e que depois foi para Antioquia. É, portanto, provável que no ano 42 já tivesse vindo para Roma. Por outro lado, um testemunho de Lactâncio diz que "Nero já tinha assumido o poder quando Pedro veio para Roma".[7] Nero assumiu o poder no ano 54. Esta data pareceria, portanto, muito mais verossímil e não contradiz a respeitável sentença de Eusébio de Cesareia, segundo a qual Pedro chegou a Roma "sob o reinado de Cláudio".[8] Este último, realmente, reinou exatamente até o ano 54.

---

[6] Jerônimo. *De viris illustribus*, I.

[7] Lactâncio. *De mortibus persecutorum*, II.

[8] Eusébio de Cesareia. *Historia Ecclesiastica*, II, 14,6.

Isto, porém, contradiria a tradição dos 25 anos de permanência de Pedro em Roma. O que causa admiração, além disso, é que os Atos dos Apóstolos, redigidos por Lucas por volta do ano 65 e centrados justamente nas duas figuras de Pedro e Paulo, não falem mais de Pedro depois do Concílio de Jerusalém. Não há sequer um aceno a sua presença em Antioquia e em Roma, mesmo onde Lucas fala longamente sobre a presença de Paulo em Roma, e isto é realmente para nós inexplicável. Sabemos ainda que o mesmo Lucas, entre os anos 60 e 63, mais ou menos, estava em Roma,[9] e, no entanto, nunca menciona Pedro. Por outro lado, o mesmo Paulo, escrevendo no ano 58 de Corinto a sua Carta aos Romanos, manda as suas saudações para uns vinte fiéis, enumerados um por um,[10] mas Pedro não é nomeado, quando, no entanto, deveria ser até o chefe da comunidade cristã de Roma! Quando, depois, o mesmo Paulo estiver prisioneiro em Roma, entre os anos 61 e 63, mais ou menos, e depois ainda, pouco antes do martírio, pelo ano 67, escreverá da Urbe as Cartas aos Colossenses, a Filêmon e a segunda a Timóteo. Também aqui cita, como seus companheiros, e próximos, Marcos, Lucas e outros, mas sobre Pedro permanece silêncio total.

---

[9] Cf. Cl 4,14; Fm 24.
[10] Cf. Rm 16,3-15.

Existe a hipótese de que Pedro estivesse frequentemente fora de Roma, empenhado em viagens missionárias. Mas, em última análise, não temos uma solução clara do enigma. Por outro lado, a presença de Pedro na Urbe é muito clara e repetidamente confirmada pelas fontes antigas e pela tradição unânime da Igreja, para poder ser colocada em dúvida. Continuemos, portanto, a nossa narração a partir da chegada do apóstolo Pedro a Roma, talvez no ano 54.

No início do século I, em Roma, já existiam certamente comunidades judaicas. Por motivo, porém, da instabilidade e da turbulência da situação política na Palestina, onde o domínio romano era continuamente contrastado pela guerrilha dos zelotes e em geral dos judeus, a presença dessa comunidade em Roma devia inquietar o imperador. Sabemos de uma sua expulsão forçada da cidade no ano 41 d.C. Suetônio relata, depois, uma expulsão acontecida no ano 48, mas aqui, provavelmente, já se trata dos cristãos, ainda confundidos com os judeus: Cláudio "*Iudaeos impulsore Chresto assidue tumultuantis Roma expulit*: expulsou de Roma os judeus que, instigados por Cresto (Cristo?), promoviam contínuos tumultos".[11]

O que é certo, de alguma forma, é que quando Pedro chegou a Roma, encontrou lá comunidades de judeus e talvez também de

---

[11] Suetônio. *Claudius*, XXV.

alguns judeu-cristãos. Quando, em 58, Paulo escreve a sua Carta aos Romanos, a comunidade cristã da Urbe, à qual se dirige, já está claramente consolidada e respeitável.

Onde o apóstolo morou durante os seus anos romanos? Tradições antigas o traz como hóspede, por um período, na casa do senador Pudente (hoje a Igreja de Santa Pudenciana, no Esquilino) e, também, na casa do judeu convertido Áquila e de sua mulher Priscila (ou Prisca: a Igreja de Santa Prisca seria edificada exatamente sobre os restos da sua casa) no Aventino. É certo, de alguma forma, que a generosidade dos fiéis romanos não lhe deixava faltar nunca um teto sob o qual pudesse morar. Também a atual basílica de São Sebastião, na via Ápia, foi venerada desde tempos muito antigos como *Domus Petri*, e uma inscrição de São Damaso (século IV) dentro da igreja atesta que lá "moraram Pedro e Paulo. Igualmente, na Via del Corso, a Igreja de Santa Maria in Via Lata surgiria justamente onde havia uma casa na qual moraram por algum tempo Pedro, Paulo e Lucas (o qual seria o autor de Atos dos Apóstolos).

Verossimilmente, Pedro continuou a viver, a comer, a se vestir pobremente, segundo o ensinamento e o exemplo de Cristo. É provável, porém, que tenha vivido também em palácios elegantes, colocados à disposição por nobres convertidos. É natural, além do mais, que os fiéis de Roma rodeassem de respeito e de honras esse homem que não só era um apóstolo e testemunha direto de Jesus, mas que tinha sido encarregado diretamente pelo mesmo Senhor de guiar o seu rebanho.

Sabemos da presença em Roma, ao lado de Pedro, de vários personagens muito conhecidos. Já mencionamos os piedosos cônjuges Áquila e Priscila; mas naqueles anos estiveram em Roma, por períodos mais ou menos longos, também o evangelista Lucas, Timóteo, Silas e o evangelista Marcos (do qual voltaremos a falar), todos já fiéis amigos e companheiros de Paulo. Também Paulo, de fato, esteve em Roma: acusado pelo Sinédrio em Jerusalém e processado, foi mandado para a autoridade romana, que, por sua vez, sob seu pedido, o enviou a Roma para o julgamento. A primeira chegada de Paulo a Roma, pelo ano 61, é relatada em primeira pessoa por Lucas: "Depois, costeando, chegamos a Régio. No dia seguinte, levantou-se o vento sul e, em dois dias, chegamos a Putéoli. Aí encontramos alguns irmãos que nos pediram para ficar sete dias com eles. Em seguida, fomos para Roma. Os irmãos de Roma, informados a nosso respeito, vieram ao nosso encontro até o Foro de Ápio e nas Tre Taverne. Ao vê-los, Paulo deu graças a Deus e sentiu-se animado. Quando entramos em Roma, Paulo recebeu permissão para morar em casa particular, com um soldado que o vigiava

[...]. Paulo morou dois anos numa casa alugada. Ele recebia todos os que o procuravam" (At 28,13-16.30).

Já recordamos que não sabemos nada sobre as relações entre Pedro e Paulo em Roma, naqueles anos. Os *Atos de Pedro* relatam que, na volta de sua viagem à Espanha,[12] Paulo veio a Roma: "Foi anunciada a Pedro a chegada de Paulo a Roma. Logo Pedro se levantou e foi ter com ele. Quando se viram, choraram de alegria e, abraçando-se longamente, se banharam de lágrimas reciprocamente. Paulo contou a Pedro a trama de todas as vicissitudes e as canseiras sofridas na viagem marítima. Pedro lhe contou o quanto havia sofrido por causa de Simão Mago e de todas as suas maquinações. Assim, conversando, chegou a noite e ele se retirou".[13]

Diremos, porém, ainda, que ao lado de Pedro na Urbe deveriam estar outros representantes ilustres da primeira geração cristã: talvez, como diz uma tradição, Santa Verônica (a mulher que enxugou o rosto ensanguentado de Jesus, ou talvez a hemorroíssa que lhe tocou as fímbrias do manto); os santos Lino, Cleto e Clemente, dos quais voltaremos a falar; finalmente, sua filha Petronila. Uma tradição muito antiga, aceita também por Santo Agostinho, diz que ela se tornou paralítica:

---

[12] Cf. Rm 15,24.
[13] Ps.-Marcello. *Atti dei beati apostoli Pietro e Paolo*, XXIV-XXV.

"Foram levados a Pedro doentes a fim de que os curasse. Alguém dentre a multidão veio dizer-lhe: 'Pedro, diante de nós deste a vista a muitos cegos e o ouvido aos surdos... Mas por que não ajudaste tua filha, virgem, que cresceu forte e crê no nome de Deus? Ela tem um lado completamente paralisado e está lá naquele canto, curvada e impotente. Estão aqui os que curaste, mas tu não cuidas de tua filha!'". Pedro, então, respondeu que a enfermidade da filha tinha sido mandada providencialmente pelo mesmo Deus: "Um homem muito rico, de fato, de nome Tolomeu, tendo-a visto no banho com sua mãe, a fez pedir como esposa". Mas Pedro tinha se recusado a dá-la. Então Tolomeu mandou raptá-la. Deus, porém, a tornou paralítica num lado do corpo, de tal modo que Tolomeu, desiludido e frustrado, a devolveu ao pai e a virgindade de Petronila foi salva.[14] O martirológio romano, no entanto, aceita uma versão um pouco diferente da história. No dia 31 de maio diz: "Santa Petronila virgem, filha do bem-aventurado Apóstolo Pedro. Ela, desprezando as núpcias com o nobre Flaco, conseguiu um tempo de três dias para poder refletir: entregou-se então a jejuns e orações e no terceiro dia, logo depois de ter recebido o sacramento de Cristo, expirou".

---

[14] Atos de Pedro. *Fragmento copta de Berlim*, 1-6.

XII – A luta com Simão Mago

Outro personagem de quem os relatos hagiográficos falam muito em relação a Pedro é Marcelo, nobre romano que, depois de ter inicialmente aderido à seita de Simão Mago, se converteu e se tornou muito fiel a Pedro: transformou a sua ampla casa num lugar de encontro e de oração para cristãos, um verdadeiro e próprio oratório, sobretudo para viúvas e anciãos. Segundo *Atos de Pedro*, o apóstolo frequentava regularmente a casa de Marcelo, lá fazia sermões e lá comentava as Escrituras.[1] Certamente, pelo menos todo domingo, ele celebrava também a "ceia do Senhor", isto é, a santa missa. Debaixo do altar da Basílica de Santa Pudenciana, conserva-se ainda hoje uma mesa de madeira sobre a qual o apóstolo teria celebrado a eucaristia. Pedro, ainda, certamente agia também cotidianamente como "curador", e, além disso, pregava e batizava. Em Roma se conservou ainda uma vaga memória de um dos lugares onde ele batizava: a localidade *ad nymphas santi Petri*, na via Nomentana, perto do antigo cemitério Ostriano.

---

[1] Atos de Pedro, XIX-XX.

Parece, porém, que uma das ocupações principais de Pedro durante a sua estadia romana tenha sido a luta contra Simão Mago. Também o historiador Eusébio de Cesareia aceita a tradição, relatada pelos Atos de Pedro, de São Justino, de Santo Irineu e de muitos outros, segundo a qual "Simão Mago da Samaria... no tempo do imperador Cláudio, na cidade real de Roma, exerça a magia com a habilidade dos demônios poderosos", e "vós – diz Justino, dirigindo-se aos romanos – o considerastes um deus e o honraram como tal dedicando-lhe, entre as duas pontes do rio Tibre, uma estátua com esta inscrição em língua latina: *'Semoni Deo Sancto'*".[2] Eusébio acrescenta que Pedro teria vindo a Roma expressamente para combater Simão Mago, por ele já refutado na Palestina, e que agora passava a fazer prosélitos em Roma. Diz, além disso, que Simão era conhecido pela vida imoral que levava e pela liberdade, sobretudo no campo sexual, que concedia a seus adeptos. Pregadores desse tipo havia em Roma mais de um, e é justamente sobre eles que lemos na Segunda Carta de Pedro: "Vociferando discursos pomposos e vazios, aliciam nas paixões carnais e na libertinagem aqueles que há pouco escaparam dos que vivem no erro. Prometem-lhes a liberdade, enquanto eles mesmos continuam escravos da

---

[2] Eusébio de Cesareia. *Historia ecclesiastica*, II,13-14; Justino. *I Apologia*, XXVI; Irineu. *Adversus haereses*, I,23.

corrupção. Pois cada um é escravo de quem o domina" (2Pd 2,18-19).

Em *Atos de Pedro*[3] relatam que Simão inicialmente "morou em casa do senador Marcelo por ele seduzido". Fazia discursos ao povo e realizava prodígios extraordinários, e somente Pedro estava em condição de mostrar ao povo que as magias de Simão eram somente enganos e truques. Os relatos dizem que os encontros-desencontros entre Pedro e Simão são todos marcados por uma dimensão do milagroso e do espetacular. Citamos alguns como exemplo.

Um dia, em Roma, "Pedro, voltando-se, viu que de uma janela pendia um arenque; tomou-o e disse ao povo: 'Se virdes este arenque nadar imediatamente na água como um peixe, acreditareis naquele que eu prego?'. A resposta unânime foi: 'Acreditaremos realmente em ti!'. Perto dali havia uma piscina para natação, e Pedro disse: 'Em nome de Jesus Cristo, no qual ainda não se crê, viva e nade como um peixe diante de todos estes!'. Colocou o arenque na piscina e ele reviveu e começou a nadar".[4]

Entretanto, um dos grandes confrontos entre Pedro e Simão estava previsto para um sábado, na presença de uma multidão imensa. O apóstolo, para se preparar para o difícil

---

[3] Atos de Pedro, VIII.
[4] Atos de Pedro, XIII,1.

acontecimento, jejuou não somente na sexta-feira anterior, mas também no sábado,[5] que na Igreja antiga era considerado dia no qual não se deve jejuar. Ora, justamente esta iniciativa do apóstolo, segundo a tradição relatada também por Santo Agostinho e outros, teria dado início ao costume da Igreja romana de jejuar também aos sábados, costume que vigorou até a Idade Média.

Ouçamos a descrição do grande encontro: "Os irmãos e todos aqueles que se encontravam em Roma haviam se reunido, cada um comprando o seu lugar com uma moeda de ouro. Foram também senadores, prefeitos e funcionários. Pedro, logo que chegou, ficou de pé no meio dos outros, enquanto todos gritavam: 'Pedro, mostra-nos quem é o teu Deus, ou qual é a majestade que te fez confiar nele. Não seja desfavorável aos romanos: eles amam os deuses. Presenciamos as demonstrações de Simão, queremos ver agora também as tuas: demonstrai-nos, os dois, em quem devemos acreditar!'". Simão, então, impressionou a multidão com um prodígio extraordinário: fez um homem morrer ao tocá-lo. Mas logo Pedro, com o poder que lhe foi dado por Deus, o ressuscitou, e, então, "a multidão gritou: 'Não há senão um só Deus, o Deus de Pedro!'".[6]

---

[5] Cf. Atos de Pedro, XXII,1.
[6] Atos de Pedro, XXIII-XXVI.

Um outro episódio semelhante convenceu o povo de que Pedro estava com a verdade, e se elevou então um grito: "Simão seja queimado no lugar de Pedro, pois realmente nos cegou!". Mas o apóstolo interveio dizendo: "Não aprendemos a retribuir o mal com o mal; ao contrário, ensinaram-nos a amar os nossos inimigos e a rezar pelos que nos perseguem. Se este pode se arrepender, é melhor. Deus não se lembrará mais do mal. Venha, portanto, para a luz de Cristo. Mas, se não pode, seja participante da sorte do seu pai, o diabo. Não se manchem, porém, as vossas mãos!".[7]

O último encontro entre os dois, finalmente, viu a morte de Simão. Um dia ele, "na presença de todos, elevava-se no ar, sobre toda Roma, seus templos e suas colinas, enquanto os fiéis observavam Pedro. Vendo esse espetáculo extraordinário, Pedro gritou ao Senhor Jesus Cristo: 'Se tu permitires que este homem leve a termo o que iniciou, todos aqueles que creram em ti ficarão escandalizados com isso e não se acreditará mais nos sinais e prodígios que tu, por meio de mim, lhes concedeste. Manda, portanto, logo, Senhor, a tua graça: que este homem caia do ar e, mesmo sem morrer, fique enfraquecido e aniquilado quebrando uma perna em três pontos'. E Simão caiu do ar quebrando uma perna em três pontos". Mais tarde, Simão foi levado numa maca, por alguns

---
[7] Atos de Pedro, XXVII,7.

seus fiéis, a Terracina e lá, finalmente, hóspede de certo Castor, encontrou a morte.[8] Ainda hoje, na Igreja de Santa Francisca Romana, no Foro, se conserva uma pedra com os sulcos de dois joelhos: é sobre ela que o apóstolo teria se ajoelhado enquanto pedia a Jesus que Simão Mago perdesse a sua força e caísse do céu.

Um outro episódio que a tradição hagiográfica relata, no tempo da permanência de Pedro em Roma, é a morte (ou "dormição") da Bem-Aventurada Virgem Maria, por volta do ano 55. Ela, como se sabe, depois da ascensão de Jesus, tinha ficado sob os cuidados e a proteção do apóstolo João e ambos, provavelmente, viveram juntos, por vários anos, em Éfeso. Alguns relatos hagiográficos dizem, porém, que, no final de sua existência terrena, ela morava em Jerusalém. "E, um dia, que era sexta-feira, Santa Maria foi, segundo o costume, ao sepulcro, e enquanto orava aconteceu que se abriram os céus e o arcanjo Gabriel desceu junto dela e lhe disse: 'Ave, ó Mãe de Cristo, nosso Deus! A tua oração, chegando aos céus, foi ouvida por aquele que nasceu de ti, e daqui a pouco, segundo o teu pedido, deixarás o mundo e irás para os céus junto de teu Filho, na vida autêntica, que não tem nenhuma depois de si'". Nossa Senhora, então, se dirigiu a Belém para se preparar para a morte com a oração. Todos os apóstolos, por força de Deus,

---

[8] Atos de Pedro, XXXII.

foram levados milagrosamente a Belém. "Também eu" – dirá Pedro – "enquanto me encontrava em Roma, no raiar do dia, ouvi uma voz vinda do Espírito Santo que me dizia: 'A mãe do teu Senhor, chegado o momento, está para partir; vai a Belém para saudá-la'". E "assim, Pedro, elevado por uma nuvem, permaneceu na metade entre o céu e a terra, sustentado pelo Espírito Santo, enquanto os outros apóstolos eram, também eles, transportados sobre as nuvens...". Encontraram-se, assim, todos, à cabeceira da Virgem Maria, na sua casa, e, finalmente, "quando sua alma imaculada saiu, o lugar se encheu de perfume e de luz inefável, e então se ouviu uma voz do céu, que dizia: 'Bendita és tu entre as mulheres!'. Então, Pedro e eu, João, e Paulo e Tomás, corremos para abraçar os seus pés veneráveis para ser santificados por eles. Depois, os doze apóstolos compuseram no leito o seu corpo precioso e o levaram embora".[9]

Delongamo-nos em narrar esses fatos, porque, embora o fundo de verdade histórica neles contido seja um tanto exíguo, eles, porém, influenciaram notavelmente a hagiografia tradicional sobre Pedro e também sua iconografia na Idade Média e no Renascimento. Voltemos agora, no entanto, a percorrer as aventuras do apóstolo com base em dados mais autênticos.

---

[9] Dormição da Santa Mãe de Deus (atribuída ao apóstolo João).

XIII – A perseguição de Nero e a Primeira Carta de Pedro

É sabido que os textos cristãos mais antigos são provavelmente as Cartas de Paulo. A Primeira Carta aos Tessalonicenses, por exemplo, foi redigida já por volta do ano 50. É sem dúvida verossímil que Pedro conhecia e lia as Cartas paulinas. Ele mesmo, na sua Segunda Carta (admitindo-se a sua autenticidade), escreve: "Considerai também como salvação a paciência de Nosso Senhor. Isso já vos escreveu nosso amado irmão Paulo, segundo a sabedoria que lhe foi dada. Ele trata disso também em todas as suas cartas, se bem que nelas se encontrem algumas coisas difíceis, que homens sem instrução e vacilantes deformam, para sua própria perdição. Aliás, é o que fazem também com as demais Escrituras" (2Pd 3,15-16).

A Primeira Carta de Paulo aos Coríntios, escrita por volta do ano 55, de Éfeso, a Carta aos Gálatas, escrita também talvez de Éfeso, mais ou menos no ano 56, como também obviamente a Carta aos Romanos, enviada de Corinto pelo ano 57, conheceram certamente uma grande divulgação, bem além dos seus destinatários específicos. Pode acontecer que a leitura dessas cartas do seu amigo e coapóstolo, tão ricas de humanidade e, ao mesmo tempo, verdadeiras fontes de espiritualidade, de moral e de teologia, tenham sugerido a Pedro a ideia de escrever também ele alguma coisa semelhante para edificação dos fiéis. Justamente de Roma, além do mais, Paulo, que tinha lá chegado no ano 61 e lá permanecerá até mais ou menos no ano 63, escrevia as Cartas aos Efésios, aos Colossenses e a Filêmon.

Além dos numerosos apócrifos que relatam supostos discursos do apóstolo, o Novo Testamento contém duas cartas atribuídas a Pedro. A primeira foi desde sempre e unanimemente considerada autêntica. A segunda, no entanto, como já escrevia São Jerônimo, "é considerada, por muitos, não autêntica, pelo seu estilo diferente em relação à primeira".[1] Esta parece, realmente, mais uma homilia ou uma encíclica que uma verdadeira carta, e a maioria dos Padres antigos a consideravam não escrita por Pedro. O mesmo Eusébio diz: "De Pedro se reconhece como autêntica somente uma carta, a chamada 'primeira'".[2] Embora muitos exegetas modernos não excluam realmente a sua autenticidade, não pode ser atribuída com certeza a Pedro. De qualquer forma, a Igreja a introduziu definitivamente no cânone do Novo Testamento somente entre os séculos V e VI.

---

[1] Jerônimo. *De viris illustribus.*
[2] Eusébio de Cesareia. *Historia ecclesiastica*, III, 3,1.

A Primeira Carta, ao contrário, tem todos os requisitos para ser considerada autêntica. Provavelmente foi escrita pelo apóstolo no ano 64, quando reinava Nero. A insistência da Carta sobre o tema da perseguição anticristã faz pensar que Pedro se encontrasse envolvido justamente na famosa perseguição de 64, promovida por Nero depois do terrível incêndio de Roma. "Esse incêndio" – narra Tácito –, "pela sua violência, teve efeitos mais devastadores e pavorosos que todos os incêndios anteriores. Começou em alguma parte do Circo que é contígua às colinas do Palatino e do Célio, onde o fogo, logo que explodiu nas oficinas onde se encontravam mercadorias inflamáveis, se espalhou violento, alimentado pelo vento, e envolveu o Circo em toda a sua extensão, [...] com a sua rapidez descartou qualquer possibilidade de socorro, pois o fogo se espalhava com extrema facilidade para as ruas estreitas e tortuosas e para os imensos conglomerados de casas da velha Roma. A tudo isso se acrescentavam os gritos de lamentos das mulheres aterrorizadas e as dificuldades dos velhos doentes e das crianças...". Não sabemos onde Pedro se encontrava naquele momento. É certo que ele, no final, viu Roma transformada num imenso campo de cinzas e escombros: "Roma era constituída de quatorze bairros: [...] de sete deles sobraram somente poucas ruínas destruídas e chamuscadas".

Provavelmente, Pedro e os outros cristãos se prodigalizaram naqueles dias e nas semanas seguintes para levar socorro aos sobreviventes. Entretanto, porém, esse desastre abria caminho para um outro: porque "tinha-se espalhado a voz de que, enquanto a cidade era tomada pelas chamas, Nero tinha subido ao palco do Palácio para recitar o Incêndio de Tróia" e porque justamente "Nero se serviu das ruínas da pátria para construir um outro Palácio", a suspeita de um incêndio doloso realizado pelo imperador se tornava cada vez mais forte. Então ele, "para cortar logo as vozes públicas, inventou os culpados, e submeteu a penas muito requintadas aqueles que o povo chamava 'cristãos' [...]. Primeiramente, foram presos aqueles que confessavam abertamente tal crença, depois, com a denúncia destes, foi presa uma grande multidão não tanto porque fora acusada de ter provocado o incêndio, mas porque era considerada acesa de ódio contra o gênero humano. Aqueles que iam morrer eram também expostos às zombarias: cobertos de peles de animais, morriam dilacerados pelos cães, ou então eram crucificados, ou queimados vivos como tochas que serviam para iluminar as trevas quando o sol se punha. Nero tinha oferecido seus jardins para apreciar tal espetáculo, enquanto bania os jogos do circo...".[3] Como mostrado anteriormente,

---

[3] Tácito. *Annales*, XV,38-44.

segundo muitos historiadores modernos, foi nessa perseguição do ano 64 que encontraram a morte também Pedro e Paulo. Mas nós, seguindo os dados da tradição, continuaremos a nossa narrativa supondo como ano do martírio dos apóstolos o ano 67.

A tragédia dessa crudelíssima perseguição foi para a jovem comunidade cristã um suceder de lutos, sangue, lágrimas, gritos, corpos dilacerados para sepultar, filhos, viúvas e irmãs para consolar; as casas e os palácios, que os ricos romanos convertidos tinham colocado à disposição dos seus companheiros na fé, foram transformados em hospitais improvisados, dormitórios, mesas para todos os feridos e os desabrigados, tanto cristãos como pagãos. A tradição recorda a obra assídua de caridade das duas irmãs Pudenciana e Praxedes, filhas do senador Pudente (de quem Pedro tinha sido hóspede). Elas se distinguiram, sobretudo, recuperando os corpos dos mártires e dando-lhes sepultura. À medida, porém, que as mobilizações de primeira necessidade diminuíam, aumentava a consternação, a dúvida, o peso espiritual do massacre, e havia necessidade urgente de pensar, de refletir sobre o acontecido.

Passados alguns meses do incêndio e dos massacres, encontramos Pedro em alguma casa ou palácio de Roma, provavelmente em uma propriedade de algum fiel endinheirado desejoso de adquirir méritos diante de Deus, cedendo a própria casa ao apóstolo. Devia ser tarde da noite, quando as outras numerosas atividades de Pedro tinham acabado e ele podia encontrar o tempo e a paz para meditar e para escrever. Em companhia do amigo fiel São Silvano (chamado também Silas, durante anos companheiro de viagem de Paulo) e talvez de São Marcos, começa a ditar a sua carta. Ele provavelmente sabia escrever em hebraico e em aramaico, talvez também em grego, língua que de alguma forma dominava bastante bem. Todavia, como era costume então, o ato material de escrever era confiado a outra pessoa mais competente na ortografia, na sintaxe e na caligrafia. Pedro mesmo diz na Carta que escreveu "pela mão de Silvano".[4] Enquanto este último se sentava à uma mesinha, diante de um rolo de papiro, com uma vela e um tinteiro, o apóstolo refletia, elaborava os conceitos e depois lhos ditava, quase certamente já formulados em grego, deixando que Silvano acertasse e limasse eventualmente o vocabulário e o estilo. A Carta, de fato, é redigida num bom grego. Também as numerosas citações do Antigo Testamento (do Êxodo, Levítico, Salmos, Isaías etc.) são todas tiradas da Bíblia grega LXX.

A Carta é escrita de "Babilônia",[5] nome simbólico com o qual Pedro indica Roma: nos

---

[4] 1Pd 5,12.
[5] 1Pd 5,13.

Profetas, de fato, Babilônia representava a cidade mundana por excelência, exemplo de imoralidade, impiedade e perseguição, como exatamente era Roma naquele momento, sobretudo se consideramos que a Carta foi escrita nos tempos da perseguição anticristã de Nero. Quanto aos destinatários, Pedro os indica no começo: "Pedro, apóstolo de Jesus Cristo, aos eleitos que vivem como migrantes dispersos no mundo – no Ponto, na Galácia, na Capadócia, na província da Ásia e na Bitínia –, eleitos" (1Pd 1,1). Já dissemos que não se sabe se o apóstolo, antes de ir para a Itália, passou efetivamente por aquelas regiões. De qualquer forma, é claro que, mesmo endereçando a epístola para as citadas regiões da Ásia, Pedro não pretende se dirigir a uma comunidade cristã específica e circunscrita: ele escreve para edificação e exortação de todos os fiéis, inclusive os "seus", aqueles de Roma. Parece até que as alusões ao clima de perseguição e à paciência que o cristão deve ter também diante das autoridades civis, mais cruéis, se adaptem mais à comunidade cristã de Roma que às da Ásia. Quando Pedro escreve que nos encontramos agora no "tempo de exílio",[6] fala às comunidades da Ásia, mas fala certamente também para si: muito distante da própria terra natal,

---

[6] 1Pd 1,17. A Carta é citada segundo a tradução italiana da CEI, que, em alguns casos, é modificada com base no texto grego original.

desvinculado de todos os seus liames familiares e culturais, sente que vive num exílio completo, na espera de voltar para casa, mas não mais aquela de Betsaida, e sim a casa definitiva na Jerusalém celeste.

Apesar da solidão e da dificuldade do exílio, começa recordando, antes de tudo, que Deus "em sua grande misericórdia, pela ressurreição de Jesus Cristo dentre os mortos, nos fez nascer de novo para uma esperança viva" (1Pd 1,3). Essa esperança viva é aquela que nos mantém com os olhos desviados das baixas preocupações materiais e voltados para o alto, na espera do fim deste parêntese terreno, na espera da reunião com o Deus eterno e infinito. Mas Pedro está consciente de que, se teve o privilégio de ver e conhecer diretamente o Messias, o Deus de Israel descido à terra sob as aparências humanas, "vós", ao contrário "sem terdes visto o Senhor o amais. Sem que agora o estejais vendo, credes nele" (1Pd 1,8).

Diante das dificuldades do mundo, da hostilidade do povo, das perseguições, Pedro é explícito: "Caríssimos, não estranheis o fogo da provação que lavra entre vós, como se alguma coisa de estranho vos estivesse acontecendo. Pelo contrário, alegrai-vos por participar dos sofrimentos de Cristo, para que possais exultar de alegria quando se revelar a sua glória. Se sofreis injúrias por causa do nome de Cristo, sois felizes, pois o Espírito da glória, o Espírito de Deus, repousa sobre vós. Mas não aconteça alguém de vós sofrer como assassino, ladrão, malfeitor ou intrigante. Se, porém, alguém sofrer por ser cristão, não se envergonhe. Antes, glorifique a Deus por este nome. Pois chegou o tempo do julgamento, que deve começar pela casa de Deus. Ora, se começa por nós, qual será o fim dos que se recusam a crer no Evangelho de Deus? 'Se mal consegue salvar-se o justo, que fim levará o ímpio e pecador?' (Pr 11,31 LXX). Assim, pois, os que sofrem segundo a vontade de Deus entreguem suas vidas ao Criador, que é fidedigno, e dediquem-se à prática do bem" (1Pd 4,12-19).

Pedro é claro: "Se sofreis injúrias por causa do nome de Cristo, sois felizes" e "alegrai-vos por participar dos sofrimentos de Cristo". A hostilidade do mundo existe para que seja "colocada à prova a fé" e a perseverança dos cristãos.[7] Não era fácil dizer essas coisas enquanto da janela ainda via as ruínas do incêndio e de centenas de famílias destruídas, e nas suas narinas parecia ainda vivo e pungente o odor da carne queimada dos mártires pendurados nas tochas de Nero, e os subterrâneos de cada casa cristã estavam entulhados de cadáveres.

Mas as dificuldades e sofrimentos terrenos – continua a ditar o apóstolo – são lidas também numa outra luz: a do seu caráter efê-

---

[7] 1Pd 1,7.

mero e caduco. Como todas as coisas, também os sofrimentos têm um fim: "Isso é motivo de alegria para vós, embora seja necessário que no momento estejais por algum tempo aflitos, por causa das várias provações". E cita Isaías: "'Toda carne é como erva, e toda a sua glória como a flor da erva; secou a erva, caiu-lhe a flor' (Is 40,6-8)".[8]

Nós cristãos – diz – somos "migrantes e forasteiros" no mundo.[9] Não nos devemos apoiar em nada de transitório, em nenhuma esperança terrena, política, material, mas somente em Deus: "Aproximai-vos do Senhor, pedra viva, rejeitada pelos homens, mas escolhida e valiosa aos olhos de Deus" (1Pd 2,4). Tudo aquilo que para o mundo parece inútil e perda e que os homens rejeitam com desprezo (a oração, a solidão, a pobreza, a caridade gratuita...) é, ao contrário, escolhido e precioso aos olhos de Deus. A mensagem que Pedro quer comunicar é a de ser orgulhosos da própria opção cristã: não, portanto, o ato de vitimar-se de sofredores que se lamentam, mas orgulho de quem sabe que escolheu a parte melhor e que não tem nada a invejar das riquezas, da glória e dos falsos prazeres do mundo. "Ora, quem é que vos fará mal, se vos esforçais por fazer o bem? Mais que isso, se tiverdes que sofrer por causa da justiça, felizes de vós! Não

---

[8] 1Pd 1,6.24.
[9] 1Pd 2,11.

tenhais medo de suas intimidações, nem vos deixeis perturbar" (1Pd 3,13-14).

Pedro sabe que é fácil se desencorajar; é fácil, sobretudo, cair na armadilha de acreditar que quem tem bem-estar e riqueza está melhor que nós, que somos pobres, perseguidos e desprezados. Mas essa é uma armadilha armada pelo inimigo: "Sede sóbrios e vigilantes. O vosso adversário, o diabo, anda em derredor como um leão que ruge, procurando a quem devorar. Resisti-lhe, firmes na fé, certos de que iguais sofrimentos atingem também os vossos irmãos pelo mundo afora. Depois de terdes sofrido um pouco, o Deus de toda graça, que vos chamou para a sua glória eterna, no Cristo Jesus, vos restabelecerá e vos tornará firmes, fortes e seguros" (1Pd 5,8-10). "Iguais sofrimentos atingem também os vossos irmãos pelo mundo afora": Pedro pensava provavelmente nas terríveis notícias que lhe chegavam da Judeia: apenas um ano antes, o seu caríssimo irmão na fé "Tiago, irmão do Senhor, que se sentava por designação dos apóstolos no trono episcopal de Jerusalém [...] foi lançado do pináculo do templo e golpeado até à morte",[10] justamente naquele templo santo de Jerusalém que ele havia sempre amado com toda a sua alma!

---

[10] Eusébio de Cesareia. *Historia ecclesiastica*, II, 23,1.3.

Encontrando-se em Roma, coração do paganismo e da autoridade estatal do império, Pedro não pode deixar de dizer alguma palavra também sobre a relação do cristão com essas realidades: "Tende bom procedimento no meio dos pagãos. Deste modo, mesmo que vos caluniem como se fosseis malfeitores, poderão observar a vossa boa atuação e glorificarão a Deus no dia do julgamento" (1Pd 2,12). E por isso, para dar bom exemplo, Pedro, justamente enquanto a autoridade estatal, nas mãos do exaltado Nero, estava perseguindo ele e os outros cristãos com violência e injustiça, ordena sem titubear: "Subordinai-vos a toda autoridade humana por amor ao Senhor, quer ao rei, como soberano, quer aos governadores, que por ordem dele castigam os malfeitores e premiam os que fazem o bem. Pois, a vontade de Deus é precisamente esta" (1Pd 2,16). E reafirma, com palavras fortes que não deixam dúvidas, aquilo que já havia dito: "Nisto consiste a graça: sofrer injustamente, suportando aflições, com a consciência da presença de Deus. Pois que merecimento há em fazer o mal e suportar castigo por isso? Entretanto, se fazeis o bem e suportais o sofrimento, isto vos torna agradáveis junto a Deus. De fato, para isto fostes chamados. Pois também Cristo sofreu por vós deixando-vos um exemplo, a fim de que sigais os seus passos. Ele não cometeu pecado algum, mentira nenhuma foi encontrada em sua boca. Quando injuriado, não retribuía as injúrias; atormentado, não ameaçava" (1Pd 2,19-23). E todas estas exortações Pedro pode fazê-las porque ele mesmo foi pessoalmente "testemunha dos sofrimentos de Cristo" (1Pd 5,1).

Diante da lembrança estarrecedora do rosto de Jesus, tão suave e ao mesmo tempo austero, da lembrança do seu amor imenso por ele e por todos os homens, da lembrança da sua sangrenta Paixão e da terrível seriedade de tudo isto, Pedro não pode deixar de expressar o seu desgosto pela vulgaridade, pela superficialidade e pela imoralidade do mundo pagão, que justamente em Roma ele podia ver em plena vitalidade: "Basta o tempo que passastes praticando os caprichos dos pagãos, entregues à dissolução, paixões, embriaguez, comilanças, bebedeiras e idolatrias abomináveis. Agora, eles estranham que não mais vos entregueis à mesma torrente de perdição, e vos cobrem de insultos. Mas eles terão que prestar contas àquele que está pronto para julgar os vivos e os mortos!" (1Pd 4,3-5)

Os desejos, as paixões, os medos irracionais, os preconceitos nascidos da ignorância são – Pedro sabe muito bem – a causa de todos esses males e da degeneração da sociedade. Arrastados pelos hábitos e pelos costumes sociais (a vida fútil herdada dos vossos pais),[11] os indivíduos, enquanto se recusam a obedecer

---

[11] 1Pd 1,18.

à Lei de Deus para não limitar a própria liberdade, se encontram, porém, sem perceber, seguindo supinamente os ditames de outros homens, capazes de influenciá-los com as suas palavras e com a sua propaganda. A exortação, então, é: "ele viverá o restante de sua vida corporal guiado pela vontade de Deus, e não por paixões humanas" (1Pd 4,2).

Porém, para poder fazer isso, é preciso ser senhores de si e não escravos de todo impulso, emoção, reação mental e paixão. Pedro dá muita importância a este "trabalho interior" que o cristão deve realizar em si mesmo para se libertar do jugo dos "desejos que nascem da ignorância".[12] "Por isso, aprontai a vossa mente, sede sóbrios" (1Pd 1,13), diz ele. E também na Segunda Carta repetirá: "Por isso mesmo, dedicai todo o esforço em juntar à vossa fé a fortaleza, à fortaleza o conhecimento" (2Pd 1,5). Sem o conhecimento de si, sem "exercício espiritual", o caminho de fé é incompleto. A fé, de fato, deve ser um caminho de "gnose", de conhecimento de si e da própria mente. A fé tem consigo também reflexão, pesquisa, assentimento da inteligência: "Declarai santo, em vossos corações, o Senhor Jesus Cristo e estai sempre prontos a dar a razão de vossa esperança a todo aquele que a pedir. Fazei-o, porém, com mansidão e respeito" (1Pd 3,15-16).

---

[12] 1Pd 1,14.

Essa última frase é muito importante. Pedro era um homem de fé entusiasta e corajoso, também severo e categórico, quando necessário, como no caso de Ananias e Safira. Mas ao mesmo tempo era dotado de grande sensibilidade humana e doçura, qualidades que talvez tenha adquirido, sobretudo, nos anos em que viveu ao lado do Cristo. Ele, portanto, lança, sem meios-termos, a sua condenação do paganismo e dos valores viciados do mundo, e exorta todos os cristãos a fazerem o mesmo. Mas logo precisa: "Fazei-o, porém, com mansidão e respeito". Pedro conhecera muitos fariseus, radicados na observância da lei divina, mas duros e soberbos, e tinha conhecido muitos pagãos ignorantes dos ensinamentos de Deus e pecadores, mas cheios de humanidade, doçura e humildade.

"Finalmente, sede todos unânimes, compassivos, fraternos, misericordiosos e humildes. Não pagueis o mal com o mal, nem ofensa com ofensa. Ao contrário, abençoai, porque para isto fostes chamados: para serdes herdeiros da bênção" (1Pd 3,8-9). "Como criancinhas recém-nascidas, desejai o leite legítimo e puro que vos vai fazer crescer na salvação" (1Pd 2,2). Esse é o modelo: "a infância espiritual", um modelo oposto àquele exaltado pelo mundo: competitividade, reivindicação, sede de poder. Pedro não tem medo de indicar imediatamente esse modelo a uma categoria social bem determinada: as esposas cristãs. Ele via, com efeito, que muitas jovens romanas, atraídas pelo ideal espiritual de Cristo, se convertiam à nova fé, mas isto criava graves problemas na família, pois frequentemente o marido continuava pagão e irreverente. Como fazer? Como defender a mulher crente? O apóstolo não propõe nenhum programa de emancipação ou de luta, mas, seguindo o exemplo de São Paulo, que já havia falado sobre este tema em várias de suas cartas, dita a Silvano, sem meios-termos, a solução para o problema: "Mulheres, sede submissas aos vossos maridos, para que os que ainda não dão ouvidos à Palavra sejam conquistados pelo comportamento de suas esposas, mesmo sem discursos, pois hão de observar a vossa conduta casta no temor". Pedro estava certamente muito triste e desiludido pela condição da mulher nos países de cultura helenista e romana – Antioquia já era um bom exemplo disto, mas Roma era sua apoteose: por todo lado via as ruas apinhadas de mulheres levianas, rumorosas, lascivas, interessadas no dinheiro e no luxo, incapazes de qualquer dever, responsabilidade. Mas o apóstolo não quer fazer sátira, nem procura corrigir a sociedade romana: ele se dirige às esposas cristãs; por isso, as suas palavras são sóbrias e comedidas: "O vosso adorno não consista em coisas externas, tais como cabelos trançados, joias de ouro, vestidos luxuosos, mas na personalidade que se esconde no vosso coração, marcada pela estabilidade de um espírito suave e sereno, coisa preciosa diante de Deus. Era assim que se adornavam, outrora, as santas mulheres, que colocavam sua esperança em Deus. Eram submissas aos seus maridos. Assim Sara obedeceu a Abraão, chamando-o seu senhor. E vós sois filhas de Sara, se praticais o bem, sem que medo algum vos perturbe". Pedro sabia muito bem que aquilo que estava ditando podia soar "fora do mundo", mas ele insistia: refere-se simplesmente e sempre ao mesmo modelo, o modelo radical do Evangelho, onde obediência, paciência, humilde e agradecida tolerância, sofrimento em união com Cristo são os trilhos sobre os quais se deve caminhar, independentemente de qualquer condicionamento cultural ou moda social. Certamente, ao ditar estas palavras, terá voltado à mente de Pedro a lembrança das mulheres judias de observância estrita: ele mesmo tinha ainda gravado em sua memória a imagem de sua mãe, de sua mulher, das muitas mulheres de Betsaida e de Jerusalém: castamente cobertas e veladas. O olhar submisso, o falar reservado, a dedicação ao marido e à família.

Ao mesmo tempo, ele que tinha sido marido e pai de família, continua o seu perfil do matrimônio cristão recordando também os deveres do homem: "De igual modo, vós, os maridos, convivei de modo sensato com vossas mulheres, tratando-as com respeito por sua constituição mais delicada e por elas serem, como vós, herdeiras da graça da vida. Isto, para que as vossas preces não encontrem obstáculo".[13]

Também aos responsáveis das comunidades cristãs locais, os anciãos (em grego, "presbíteros"), o apóstolo repete o mesmo princípio: "Não como dominadores daqueles que vos foram confiados, mas antes, como modelos do rebanho [...]. Humilhai-vos, pois, sob a poderosa mão de Deus, para que, na hora oportuna, ele vos exalte. Lançai sobre ele toda a vossa preocupação, pois ele é quem cuida de vós" (1Pd 5,3.6-7).

Essas breves exortações concernentes aos pastores da Igreja e à vida de família não são para Pedro um simples "programa social", mas a consequência concreta da visão cristã do mundo, da sua dimensão espiritual e transcendente que permeia todo e cada gesto da vida cotidiana: "O fim de todas as coisas está próximo. Vivei com sensatez e vigiai, dados à oração. Sobretudo, cultivai o amor mútuo, com todo o ardor, porque o amor cobre uma multidão de pecados. Sede hospitaleiros uns com os outros, sem reclamações. Como bons admiradores da multiforme graça de Deus, cada um coloque à disposição dos outros o dom que recebeu. Se alguém tem o dom de

---

[13] 1Pd 3,1-7.

falar, fale como se fossem palavras de Deus. Se alguém tem o dom do serviço, exerça-o como capacidade proporcionada por Deus, a fim de que, em todas as coisas, Deus seja glorificado, por Jesus Cristo, a quem pertencem a glória e o poder, pelos séculos dos séculos. Amém" (1Pd 4,7-11).

XIV – Pedro, primeiro papa?

Dissemos que, enquanto Pedro ditava para Silas a sua Carta, estava provavelmente com ele também Marcos, que não deixou de acrescentar suas saudações: "Vos saúda... Marcos, meu filho" (1Pd 5,13). Se Pedro o chama "meu filho", também Paulo o havia chamado seu "colaborador" e fala dele com afeto e estima.[1] Deste homem, judeu de nascimento, que, quando era ainda jovem, com muita probabilidade conheceu pessoalmente Jesus e, depois da sua ressurreição, hospedou em sua casa, em Jerusalém, os apóstolos vindos da Galileia, não sabemos muito. É certo que, depois de ter acompanhado Paulo e Barnabé (seu sobrinho) em várias viagens missionárias ao longo do Mediterrâneo, chegou finalmente a Roma, onde foi companheiro fiel de apostolado tanto de Paulo como de Pedro. Mas um fato em especial nos leva a falar dele neste ponto: a redação do seu evangelho. Conta Jerônimo: "Marcos, discípulo e intérprete de Pedro, a pedido dos irmãos de Roma, escreveu um breve evangelho, referindo aquilo que tinha ouvido da pregação de Pedro. Quando Pedro o escutou, aprovou-o e autorizou

---

[1] Cl 4,10; Fm 24.

a sua publicação para a leitura nas Igrejas".[2] Assim nasceu o primeiro evangelho, o mais antigo. E se pode dizer que ao mesmo Pedro, como se fosse seu autor, "é atribuído o evangelho segundo Marcos, que foi seu discípulo e intérprete".[3] Pode-se observar, com efeito, que no evangelho de Marcos, justamente enquanto teria sido quase "ditado" por Pedro, deste se fala com menor respeito, em confronto com outros evangelhos, e são sublinhadas as suas fraquezas humanas.

Pode-se acreditar que Pedro e Marcos, tendo decidido redigir esse "Evangelho", para deixar um testemunho não mais oral das próprias palavras e dos episódios fundamentais da vida de Jesus, se encontravam diariamente, em algumas das suas sedes romanas e, expressando-se primeiro em aramaico, encontravam depois juntos a forma mais apropriada para enunciar os mesmos conceitos em grego, que, portanto, Marcos colocava por escrito. O grego, de fato, era a única língua apropriada para o objetivo. O aramaico não teria sido compreendido pela maioria dos fiéis de Roma e da Europa, que eram de origens pagãs; quanto ao latim, também ele não respondia ao caráter internacional e substancialmente gregófono da comunidade cristã, e era de alguma forma quase desconhecido tanto de Pedro como de

---

[2] Jerônimo. *De viris illustribus*, VIII.

[3] Jerônimo. *De viris illustribus*, I.

Marcos. Deve-se notar, aliás, que, até o século III, a língua comum e oficial da Igreja romana será o grego, mais que o latim.

Segundo outros testemunhos antigos, notoriamente o de Irineu, Marcos escreveu, porém, o seu evangelho depois da morte do apóstolo: "Depois da sua morte [de Pedro e Paulo], Marcos, discípulo e intérprete de Pedro, colocou por escrito aquilo que Pedro havia ensinado".[4] De Marcos, depois, se conta que fundou a Igreja de Alexandria: "Diz-se que Marcos, mandado para o Egito, foi o primeiro a difundir lá o Evangelho que ele mesmo havia composto e para fundar Igrejas na cidade de Alexandria". Eusébio diz que os famosos "terapeutas" (seita de ascetas judeus do Egito semelhantes aos de Qumram), descritos por Filão de Alexandria, não eram nada mais que os discípulos de Marcos, aqueles que depois serão conhecidos como "Padres do deserto". Diz até – coisa cronologicamente improvável – que o mesmo Filão "foi a Roma para falar com Pedro".[5]

Foi tão íntimo o liame entre as duas figuras de Pedro e Marcos, que não somente o Evangelho de Marcos foi considerado obra do apóstolo, mas até a cátedra episcopal de Alexandria foi vista como sede de Pedro. O

---

[4] Irineu. *Adversus haereses*, III,1,1.
[5] Eusébio de Cesareia. *Historia Ecclesiastica*, II,16-17.

Decretum Gelasianum (século V) cita, de fato, como sedes episcopais de Pedro: Roma, a sede principal, e Alexandria e Antioquia.[6] Essa observação nos leva a considerar também um outro aspecto da questão: Pedro foi realmente bispo? E foi realmente o primeiro papa? Como já recordamos, o termo "bispo" tinha, naqueles tempos, um significado ainda impreciso e se distinguia dificilmente do termo "padre" (presbítero, isto é, literalmente, "ancião") ou "sacerdote". Mas é certo que Pedro, enquanto apóstolo de Jesus e também "cabeça" dos apóstolos, munia-se da dignidade mais elevada que a Igreja pudesse ter e centralizava em si todas as funções que depois serão tipicamente episcopais (desde o sacerdócio litúrgico até o governo da Igreja e o ensinamento doutrinal). Quanto ao "primado" de Pedro, não falaremos posteriormente sobre este tema, do qual já pudemos falar. Diremos somente que, se o primado de Pedro está fundamentado nos testemunhos do Evangelho e dos Atos, o primado de Roma está ligado à presença de Pedro na Urbe e, sobretudo, a seu martírio. O fato, portanto, de o Príncipe dos Apóstolos ter sido o chefe ("bispo", ou "papa") da Igreja de Roma e lá ter sofrido o martírio e ser sepultado, determinou, desde os primeiros séculos, a clara consciência do papel de primazia que coube à Igreja romana. Santo Irineu, no século II, relata

---

[6] *Decretum Gelasianum* (DS 351).

aquela que era já uma tradição e convicção consolidada: "A Igreja maior e antiga, conhecida de todos, [é a] fundada e constituída em Roma pelos gloriosíssimos apóstolos Pedro e Paulo".[7]

Certamente, ainda enquanto Pedro era vivo, a ele era reservada uma honra especial. Quando Paulo, Marcos, Lucas, Timóteo e os outros apóstolos e discípulos celebravam juntos com Pedro a "ceia do Senhor" ou se reuniam para discutir questões importantes de moral ou de fé, a ele devia caber o lugar de honra: provavelmente um simples e austero "trono" de madeira rústica era a cadeira do apóstolo ao qual Cristo havia confiado a tarefa de apascentar as suas ovelhas. Ainda hoje, no Vaticano, é guardada a famosa Cátedra de São Pedro, que remonta ao século IX e, em parte ao V, mas que contém partes da madeira da idade apostólica. Pode-se acreditar que nela tenha se sentado, já com mais de setenta anos, o "padre vetusto da Santa Igreja",[8] Simão de Betsaida, quando fazia discursos aos fiéis – cada vez mais numerosos – da comunidade romana, enquanto o seu grego com sotaque semítico, ou talvez alguma palavra em latim, saía da sua boca escondida sob os densos bigodes e a longa, veneranda barba.

---

[7] Irineu. *Adversus haereses*, III,3,2.
[8] Dante. *Paradiso*, XXXII,124-125.

A tradição diz que Pedro em Roma "ordenou dois bispos como seus ajudantes: Lino e Cleto".[9] Lino, mencionado também por São Paulo,[10] foi considerado mais tarde como sucessor de Pedro e segundo papa. Tanto Irineu como Orígenes, Eusébio de Cesareia e Jerônimo afirmam que depois da morte de Pedro governaram a Igreja romana Lino, depois Cleto (ou Anacleto) e, depois, Clemente. Mas é historicamente mais provável que, como também afirma o *Líber pontificalis*, Lino e Cleto foram sim bispos de Roma, mas enquanto ainda Pedro estava vivo, na qualidade de seus colaboradores e secretários. Na realidade, as notícias são muito confusas e incertas. De Lino, por exemplo, oriundo de Volterra (onde ainda hoje existe uma igreja edificada sobre o presumido lugar de sua casa paterna), se diz que foi bispo também na França, em Besançon.

Quanto a Clemente, considerado o quarto papa, ele seria o célebre São Clemente Romano, um dos grandes Padres Apostólicos, autor da "Carta aos Coríntios". É talvez ele o Clemente de quem Paulo fala como de seu precioso colaborador.[11] E talvez, ainda, seja ele o Clemente de quem a tradição narra que foi à Palestina e lá conheceu Pedro e desde aquele momento o seguiu sempre e se tornou o mais

---

[9] Tiago de Varagine. *Legenda aurea*. De S. Petro Apostolo.

[10] 2Tm 4,21.

[11] Fl 4,3.

fiel depositário dos seus ensinamentos. Já Tertuliano diz que Clemente foi ordenado bispo de Roma diretamente por Pedro[12] e as *Homilias de São* Clemente se delongam em contar os detalhes dessa ordenação. Pedro – lá se diz – estava no fim dos seus dias e já pressentia que dentro de pouco tempo seria morto e iria para o Senhor. Então, "reunindo todos os irmãos, ele me tomou pela mão – é Clemente mesmo quem fala –, levantou-se e falou à assembleia: 'Ouvi-me, irmãos e companheiros de servidão: como aprendi do meu Senhor e Mestre Jesus Cristo, que me enviou, aproximam-se os dias da minha morte. Por isso, eu ordeno como vosso bispo este Clemente e a ele entrego a minha cátedra de ensinamento, a ele que desde o início e até o fim esteve ao meu lado e ouviu todos os meus discursos [...]. Sabei que quem o perturbar não poderá receber Cristo, em cujo trono ele se senta'".[13] Clemente, segundo a tradição, depois de ter governado a Igreja por muitos anos, morreu mártir por volta do ano 100 na Ásia: foi lançado no Mar Negro com uma âncora amarrada ao pescoço.

---

[12] Tertuliano. *De praescriptione haereticorum*, XXXII, 2.
[13] *Clementinae*, Epístola Clementis ad Iacobum, II e XVII.

XV – A detenção no cárcere Mamertino

Mas, voltemos aos últimos dias de Pedro. Já dissemos que, segundo muitos historiadores modernos, a sua morte, como também a de Paulo, teria acontecido durante a perseguição do ano 64, ordenada por Nero depois do incêndio de Roma. Se, no entanto, o martírio dos dois apóstolos aconteceu no ano 67, como quer a tradição, então não conhecemos nada sobre o contexto em que isso ocorreu. Talvez uma segunda perseguição contra os cristãos? Talvez logo depois da primeira? Talvez um mandato de prisão endereçado especificamente contra os dois? Os únicos dados que temos à disposição são os das narrativas hagiográficas. Segundo *Atos de Pedro*,[1] o motivo que desencadeou o martírio foi que Pedro pregava, entre outras coisas, a virtude da castidade. Muitas mulheres, então, atraídas pelo seu ensinamento, se tornavam malvistas pelos próprios maridos. Entre elas estavam até Lívia, uma das mulheres de Nero, e as quatro concubinas do prefeito de Roma, Agripa: "decidiram se afastar também

---

[1] Atos de Pedro, XXXIII-XXXIV (Martírio de Pedro; Ps.-Marcello, *Atti dei beati apostoli Pietro e Paolo*, XXXI.

do leito de Agripa". "Assim também muitas outras mulheres, tocadas pela pregação sobre a castidade, se separavam dos seus maridos." Nero, Agripa e outros homens influentes decidiram então passar à ação: "Vamos matar este feiticeiro, para reaver as nossas mulheres!". Segundo os *Atos dos bem-aventurados apóstolos Pedro e Paulo*,[2] a ira de Nero recrudesceu também pelas provocações de Simão Mago: este, encantando a todos com suas mágicas extraordinárias, atraiu a atenção também do imperador, o qual o convocou, junto com os dois apóstolos, para julgar quem deles tinha razão. Confuso e incerto, Nero quis examinar outras provas; mas, quando viu Simão Mago voar nos céus de Roma "com a cabeça coroada de loro", não teve mais dúvidas e disse a Pedro: "Simão é um homem que diz a verdade, enquanto tu e Paulo sois enganadores". Depois, porém, que Pedro, com a força da sua oração, fez Simão cair do ar, "Nero, cheio de ira, fez prender Pedro e Paulo e os colocou na prisão".

Além desses episódios substancialmente lendários, uma tradição historicamente bem mais digna de fé e atestada desde tempos muito antigos diz que a autoridade imperial mandou efetivamente prender os dois apóstolos e os encerrou no Cárcere Mamertino, hoje a Igreja de São Pedro em Cárcere, na qual é ainda visível a cela de detenção. Sobre Paulo não é

---

[2] Ps.-Marcello. *Atti dei beati apostoli Pietro e Paolo*, XXXII-LXXIX.

certo, porém, que tenha sido levado também ele para a mesma prisão. De qualquer forma, já no século V eram muito veneradas as cadeias com as quais Pedro esteve amarrado no cárcere. O Papa Leão Magno as uniu àquelas que então foram trazidas de Israel e que tinham sido as cadeias de Pedro durante a sua prisão em Jerusalém. A relíquia – duas cadeias de 38 anéis milagrosamente fundidas juntas – é ainda hoje visível numa urna que está embaixo do altar da Igreja de São Pedro em Vincoli. Durante séculos a limalha dessas cadeias foi usada na cerimônia de consagração das novas igrejas.

Na escuridão úmida da cela do Mamertino, com tornozelos apertados por pesadas cadeias, com o estômago doendo por causa da fome, Pedro compreende que chegou o momento de fechar as contas. A sua existência terrena está rapidamente se encaminhando para o fim. Reza com fervor, tem Jesus na mente, os dias passados com ele em Cafarnaum, em Betânia, em Jerusalém, a enorme e radical mudança da sua vida, o nascimento da nova comunidade crente e todas as vicissitudes até aquele dia. De joelhos, no piso de pedra da cela, reza com as palavras dos salmos:

> *Recordo os tempos antigos,*
> *medito todas as tuas obras,*
> *reflito sobre os teus atos.*

*A ti estendo as minhas mãos,
como a terra seca anseio por ti*
(Sl 143,5-6).

*Ouve, ó Deus, o meu grito, fica atento
à minha oração.
Dos confins da terra eu te invoco,
enquanto meu coração desfalece.
Põe-me sobre um rochedo inacessível*
(Sl 61,2-3).

*Tenho os olhos fixos no Senhor,
pois ele livra do laço o meu pé.
Volta-te para mim e tem misericórdia,
porque sou só e infeliz.
Alivia as angústias do meu coração,
livra-me das aflições.
Vê minha miséria e minha pena
e perdoa todos os meus pecados*
(Sl 25,15-18).

Decide escrever ainda uma carta, uma espécie de testamento espiritual, não mais dirigida a destinatários específicos, mas a toda a cristandade.

"Simão Pedro, servo e apóstolo de Jesus Cristo..." (2Pd 1,1). Já dissemos que, segundo alguns, essa Segunda Carta de Pedro não é autêntica, mas teria sido redigida uns vinte ou até quarenta anos depois da sua morte. Os motivos a favor da autenticidade são, porém, também eles convincentes. E, se autêntica, a Carta foi escrita pelo apóstolo certamente pouco antes do martírio. Nada, portanto, nos impede de acreditar que ele pôde concebê-la durante os dias de detenção no Cárcere Mamertino.

"Caríssimos, esta é a segunda carta que vos escrevo, para despertar a sinceridade de vossa mente por uma chamada à memória. Lembrai-vos das palavras preditas pelos santos profetas, bem como do preceito do Senhor e Salvador, a vós transmitido pelos apóstolos" (2Pd 3,1-2). O afastamento da terra de Israel, a nova vida em meio aos pagãos, a progressiva separação dos cristãos dos judeus, tudo isso não prejudicou minimamente o amor, a veneração e a fé de Pedro em relação à Torá e às Sagradas Escrituras judaicas. Está em Roma, escreve em grego, mas os santos profetas judeus permanecem como seu ponto de referência: "Jamais uma profecia foi proferida por vontade humana. Ao contrário, foi sob o impulso do Espírito Santo que pessoas humanas falaram da parte de Deus" (2Pd 21). Sim, Pedro se sente ainda e sempre judeu. Para ele, profetas e apóstolos não são senão mensageiros de uma única verdade e de um único Deus. Cristo não o afastou da sua religião e do Deus dos seus pais; ao contrário, é justamente ele que lhe fez redescobrir Deus, o Deus de Israel e a verdade da Torá.

Jesus foi para ele a revelação do rosto de Deus. Graças a Jesus conheceu Deus, se aproximou de Deus. E Pedro não pode senão continuar a agradecer o Senhor e a repetir para si e para os outros que, ainda que para os romanos e os outros convertidos Jesus fosse uma figura substancialmente desconhecida – embora pela fé acreditassem nele – ele, no entanto, o havia conhecido pessoalmente, tinha falado com ele, havia olhado nos seus olhos, tinha comido à mesa com ele... "Não foi seguindo fábulas habilmente inventadas que vos demos a conhecer o poder e a vinda de nosso Senhor Jesus Cristo, mas, sim, por termos sido testemunhas oculares da sua grandeza. Efetivamente, ele recebeu honra e glória da parte de Deus Pai, quando do seio da esplêndida glória se fez ouvir aquela voz que dizia: 'Este é o meu filho bem-amado, no qual está o meu agrado". Esta voz, nós a ouvimos, vinda do céu, quando estávamos com ele na montanha santa" (2Pd 1,16-18). Pedro quis comunicar aos leitores a emoção, o assombro, ante o pensamento de ter estado verdadeiramente lá, presente, junto do Filho de Deus.

Entretanto, porém, se dá conta de que toda a maravilhosa pureza do ensinamento de Cristo, já depois de poucos anos, é mal-entendida, usada impropriamente, manipulada. Alguns – que nem sequer conheceram Cristo! – já estão pregando que a fé é isenta de qualquer regra moral. As prescrições morais seriam um jugo apropriado somente para os homens imperfeitos e materiais, mas inútil para os espirituais. Assim pregava também Simão Mago. Mas Pedro, que aos olhos de muitos, defensores da "liberdade evangélica", podia parecer rígido na sua observância da Lei moral, sabia muito bem que muito frequentemente "nos servimos da liberdade como pretexto para o mal" (1Pd 2,26).

Já havia quem se servia de Cristo como de uma bandeira, quem o instrumentalizava para seus próprios fins egoístas, quem transformava a fé em vanglória, arrogância ou reivindicação social. "Como entre o povo antigo houve falsos profetas, também entre vós haverá falsos mestres, os quais introduzirão sorrateiramente facções perniciosas, [...] e por causa deles o caminho da verdade será blasfemado. Por ganância, vos explorarão com palavras mentirosas..." (2Pd 2,1-3). Pedro está preocupado: compreende quanto é fácil desviar-se do caminho reto, quanto é difícil ater-se a um genuíno caminho espiritual. Tem consciência de que os seus mesmos ensinamentos são mal-entendidos e distorcidos: "Enquanto eu ainda estou vivo" – diz nas *Homilias de São Clemente* – ,"alguns manipularam as minhas palavras distorcendo-as com suas diversas interpretações [...]. Esses, não sei como, enquanto anunciam os meus ensinamentos, se empenham em interpretar as palavras que ouviram de mim como se as compreendessem de maneira mais profunda do que aquela com a qual saíram de minha boca. Dizem àqueles que por eles são instruídos que este é o meu ensinamento, quando, ao contrário, eu nunca disse. Se fazem isto enquanto eu estou vivo, o que ousarão depois da mina morte?".[3]

A Segunda Carta revela uma alma amargurada diante da impiedade de um mundo decaído e hostil. Pedro, também nesse caso, se encontra perfeitamente nos ensinamentos do Antigo Testamento: ele mesmo, fechado num subterrâneo de Roma, se sente como Noé e como Ló, homens que procuravam permanecer fiéis a Deus enquanto todo o mundo ao redor se afundava no pecado e na ruína. Com palavras que ecoam novamente os tons tétricos e severos dos profetas bíblicos, Pedro escreve: "Deus não poupou os anjos pecadores, mas os precipitou no lugar do castigo e os entregou aos abismos das trevas, onde estão guardados até o juízo. Também não poupou o mundo antigo, quando enviou o dilúvio sobre o mundo dos ímpios e preservou somente oito pessoas, entre as quais Noé, pregoeiro da justiça. Votou ao extermínio e reduziu a cinzas as cidades de Sodoma e Gomorra, para mostrar o futuro que espera os ímpios, ao passo que salvou o justo Ló, que andava sofrendo com a vida dissoluta

---

[3] *Clementinae*, Epístola Petri ad Iacobum, II.

daquela gente perversa. Pois este justo, que morava entre eles, sentia diariamente atormentada a sua alma justa, vendo e ouvindo as ações iníquas que eles praticavam" (2Pd 2,4-8).

Em Roma, mais ainda que em outro lugar, Pedro devia ter visto a pecaminosidade e a malícia do gênero humano. Quantas vezes, a contragosto, terá visto, nos subúrbios, crianças obrigadas a se prostituir por pérfidos homens ávidos de dinheiro, mulheres reduzidas a concubinas e a objetos, escravos maltratados e torturados, a multidão no circo aplaudir e rir diante dos massacres dos gladiadores e das outras perversas ideias de Nero, insultando, desonrando e fazendo estraçalhar pelos cães jovens virgens cristãs e blasfemando contra Cristo sem sequer saber quem era! "Como animais irracionais, por natureza destinados à captura e à ruína, estas pessoas, que blasfemam contra o que não conhecem, vão apodrecer na sua própria corrupção. A contragosto receberão a paga da sua iniquidade. Fazem do excesso o seu prazer em pleno dia. São nódoas e imundícies, entregando-se a seus prazeres, quando se banqueteiam convosco. Estão sempre espreitando algum adultério, são insaciáveis no pecar. Seduzem aqueles que são inconstantes e têm o coração exercitado na avareza. São destinados à maldição" (2Pd 12-14).

Essas palavras duras são o desabafo de uma alma amargurada. Mas Pedro não esquece a sabedoria superior e a bondade de Deus, que quer a salvação de todos: "O Senhor não tarda a cumprir sua promessa, como alguns interpretam a demora. É que ele está usando de paciência para convosco, pois não deseja que ninguém se perca. Ao contrário, quer que todos venham a se converter". O apóstolo não pensa em se vingar do mal sofrido, não quer sequer tentar mudar a sociedade romana, influenciar sobre a política de Nero, fazer pressão sobre os seus colaboradores. Como o incêndio da Urbe mostrou de maneira terrível, como se fosse uma prova e uma prefiguração, Roma acabará, e não somente Roma, mas o mundo inteiro está destinado a desaparecer e a morrer: "O dia do Senhor chegará como um ladrão, e então os céus acabarão com um estrondo espantoso; os elementos devorados pelas chamas se dissolverão, e a terra será consumida com todas as obras que nela se encontrarem. Se é deste modo que tudo vai se desintegrar, qual não deve ser o vosso empenho numa vida santa e piedosa, enquanto esperais com anseio a vinda do Dia de Deus, quando os céus em chama vão se derreter, e os elementos, consumidos pelo fogo, se fundirão? O que esperamos, de acordo com a sua promessa, são novos céus e uma nova terra, nos quais habitará a justiça. Caríssimos, vivendo nesta esperança, esforçai-vos para que ele vos encontre numa vida pura, sem mancha e em paz" (2Pd 3,9-14). Pedro já se sente completamente projetado numa dimensão transcendental e escatológica, na qual toda essa realidade terrena e social, com todas as suas injustiças e as suas lutas pela justiça, parece de repente pequena, efêmera e insignificante: "Para o Senhor, um dia é como mil anos, e mil anos como um dia" (2Pd 3,8).

Pedro está como desligado do seu corpo mortal, já velho e cansado. Quis escrever este seu último testamento espiritual. "Sim, creio ser meu dever, enquanto habitar nesta tenda, despertar a vossa memória. Estou certo de que em breve será desarmada esta minha tenda, conforme nosso Senhor Jesus Cristo me tem manifestado" (2Pd 1,13-14). Fechou as contas consigo mesmo e com o mundo. Agora não lhe resta senão se reunir ao Deus do céu e da terra. Tirando a cabeça da folha, agora está pronto para enfrentar a morte.

XVI – O martírio de São Pedro no Vaticano

Dois dos guardas do Cárcere Mamertino, tocados pela personalidade de Pedro, pela sua seriedade, pelo seu silêncio e pela sua oração assídua, se aproximaram dele. Chamavam-se Processo e Martiniano. A tradição diz que, falando com Pedro, seus olhos se abriram para Deus e quiseram ser batizados, pelo mesmo apóstolo, lá na prisão. Os dois, depois, evidentemente, ajudaram Pedro a fugir do cárcere. Quando, porém, abriram a cadeia que lhe apertava o tornozelo, viram uma grande ferida, provocada pelo ferro rústico. Deram-lhe, então, uma faixa para proteger e medicar a ferida. Pedro saiu do cárcere. Provavelmente era noite, e ele deveria tomar o cuidado de não ser reconhecido. Entrou pela atual *via dei Fori Imperiali* (o Cárcere Mamertino se encontra, realmente, perto da hodierna praça Venezia), caminhou pela famigerada *Domus Aurea* de Nero (Colle Oppio) e chegou ao parque verdejante onde depois surgiriam as grandes Termas de Caracala. Lá, segundo a tradição, a faixa (em latim *fasciola*) que lhe apertava a ferida no tornozelo teria se soltado por causa da longa caminhada. Ela seria ainda hoje conservada no lugar onde caiu por terra, na Igreja dos santos Nereu e Aquileu, chamada justamente *in fasciola*.

Neste ponto, é provável que, como narram *Atos de Pedro*,[1] ele tenha se encontrado com os seus discípulos e companheiros de fé, os quais teriam começado a "pedir-lhe que saísse de Roma", porque sabiam que diversamente seria preso e levado à morte. Pedro já estava cansado, queria voltar para o Senhor, mas os discípulos lhe diziam: "Até que tiver força, deves ainda servir ao Senhor". Ele então, dando ouvidos a estas palavras, se vestiu de maneira a não poder ser reconhecido e "partiu sozinho". Talvez começasse a clarear e Pedro se encontrava no início da Via Ápia, que o levaria para o sul. Não sabemos o que havia no seu coração enquanto fugia de Roma: certamente, assim salvava a sua vida; assim podia também continuar a ser útil à Igreja guiando-a e governando-a, embora de longe. Mas é isto que Deus queria dele? Pedro caminhava e rezava: "Indica-me a estrada que devo seguir".[2] Nunca tinha perdido sua profunda humildade e a consciência da sua fragilidade humana.

Enquanto rezava e refletia sobre estas coisas e "saía da Porta [de Roma], viu o Senhor Jesus que entrava em Roma. Vendo-o, Pedro lhe disse: 'Senhor, por que tu estás aqui? Para

---

[1] Atos de Pedro. Fragmentos coptas do Museu Borgiano.
[2] Sl 143,8.

onde vais? (*quo vadis?*)'. O Senhor respondeu a Pedro: 'Entro em Roma para lá ser crucificado'. Pedro perguntou ao Senhor: 'Senhor, serás crucificado novamente?'. O Senhor respondeu: 'Sim, Pedro, vão me crucificar novamente'. Pedro, então, caiu em si" e compreendeu que "aquilo que o Senhor lhe dissera: 'Serei crucificado novamente', devia realizar-se nele". Deus lhe reservava a mais dilacerante e dolorosa das mortes: a morte de cruz. "Pedro voltou para Roma exultando e louvando o Senhor".

Já na Idade Média, Tiago de Voragine recordava que isto aconteceu "no lugar onde hoje se eleva a igreja de Santa Maria *ad Passus*,[3] ou *in Palmis,* chamada também *Domine, quo vadis*" (o edifício hodierno foi reconstruído em 1620).

Pedro, portanto, retornando para junto dos seus discípulos, disse-lhes que queria enfrentar a morte, seguindo o exemplo de Cristo. "Pedro falava assim e todos os irmãos choravam, quando quatro soldados o agarraram e o conduziram ao [prefeito] Agripa, o qual, por causa da sua mórbida paixão, ordenou que fosse crucificado por ateísmo. Acorreu então toda a multidão dos irmãos, ricos e pobres, órfãos e viúvas, humildes e poderosos, para ver Pedro enquanto era levado embora. Com um coro unânime e ininterrupto o povo grita-

---

[3] Tiago de Voragine. *Legenda aurea*. De S. Petro Apostolo.

va: 'De que Pedro é culpado, Agripa' [...]. Mas Pedro acalmou a multidão dizendo: 'Homens que lutais por Cristo, homens que esperais em Cristo [...], não vos irriteis contra Agripa'".[4]

Depois disto, "os soldados tomaram Pedro e, quando chegaram ao lugar da crucificação, o bem-aventurado lhes disse: "O meu Senhor Jesus Cristo, descido do céu à Terra, foi crucificado numa cruz em pé; porque agora se digna chamar para o céu a mim que venho da terra, a minha cruz deve ser plantada com a cabeça para baixo, a fim de que eu dirija os meus pés para o céu. Não sou digno, de fato, de ser crucificado como o meu Senhor'. Eles então viraram a cruz e pregaram os pés no alto". E Pedro, elevando os olhos para Deus, disse: "Eu te agradeço, ó bom Pastor, porque me julgaste digno desta hora".[5]

Segundo uma tradição antiga, o lugar da crucificação do apóstolo seria exatamente onde hoje surge o Templinho seiscentista do Bramante, perto da Igreja de São Pedro in Montorio, em Trastevere. Na Capela subterrânea é visível ainda o buraco no qual teria sido plantada a sua cruz. Que ele tenha sido crucificado com a cabeça para baixo é um dado confirmado por todas as fontes antigas. Jerônimo, repetindo o que Tertuliano, Orígenes

---

[4] Atos de Pedro, XXXVI.
[5] Ps.-Marcello. *Atti dei beati apostoli Pietro e Paolo*, LXXXI-LXXXIII.

e Eusébio de Cesareia já haviam transmitido, diz: "Foi crucificado com a cabeça para baixo e os pés para o alto, declarando-se indigno de ser crucificado como o seu Senhor".[6] Sabemos, de alguma forma, que era uso dos romanos crucificar com a cabeça para baixo os escravos.

Segundo *Atos de Pedro*, o apóstolo, antes de ser pregado na cruz, falou para a multidão de fiéis reunidos ao redor dele e disse: "Agora, sobretudo, que podeis me compreender, vós que tendes essa força, escutai-me na última e suprema hora da minha vida. Afastai as vossas almas de tudo o que é material, de tudo aquilo que é aparência e não realidade".[7] "Depois, Pedro parou e começou a dizer: 'Ó nome da cruz, mistério arcano! Ó graça inefável que direi sobre a cruz!'. Caminhou ainda para a cruz e disse: 'Ó mistério escondido desde o princípio e que agora se manifestou por meio do corpo do meu Salvador! Possa eu agora ser digno de caminhar para ti, pois chegou o tempo. Ó cruz santa, desde o princípio escondida no meu coração! E vós, que acreditastes na cruz de Cristo, fazei que a cruz não seja para vós somente uma imagem. Ouvi, vós que sabeis ouvir. Estou na minha última hora'".[8]

---

[6] Jerônimo. *De viris illustribus*, I.
[7] Atos de Pedro, XXXVII.
[8] Atos de Pedro. Fragmentos coptas do Museu Borgiano.

Depois, foi levantado pelos soldados e pregado na cruz, com a cabeça para baixo. Estraçalhado por dores lancinantes, com o rosto e os cabelos inundados pelo sangue de todo o corpo, já no fim da vida, teve ainda a força de dizer as suas últimas palavras: "Ó Palavra de Vida... eu te agradeço com lábios pregados..., agradeço-te, ó Rei, com aquela voz que é compreendida pelo silêncio..., que não está escrita em livros e não pertence a uns com exclusão dos outros: é com esta voz, ó Jesus Cristo, que eu te agradeço, com o silêncio desta voz com a qual o Espírito que está em mim te ama, te fala, te vê, te suplica. Tu é compreensível somente através do Espírito, tu és para mim um pai, tu és para mim uma mãe, tu és para mim um irmão, um amigo, um servo, um patrão, tu és o tudo, e o tudo está em ti, tu és o ser e não existe outro além de ti!". E finalmente: "Assim seja", o amém que sai da boca de Pedro, amém que ecoa nas bocas dos discípulos, e "Pedro entregou o espírito ao Senhor".[9]

A tradição diz que no mesmo dia, em Roma, foi martirizado também São Paulo. Dele, Atos dos Apóstolos diz somente que chegou a Roma prisioneiro, por volta do ano 61, e que permaneceu lá por dois anos, e depois desta notícia a obra de São Lucas se interrompe. Provavelmente, Paulo, depois de ter permanecido em Roma por dois anos, pôde voltar

---

[9] Atos de Pedro, XXXIX (martírio de Pedro).

novamente para a Ásia, de onde, porém, por volta do ano 66, foi levado para Roma e, desta vez, para uma condenação definitiva. Fechado no cárcere (talvez o mesmo Cárcere Mamertino de Pedro), escreveu uma última carta ao seu fiel Timóteo: "Apressa-te a vir ter comigo. Pois Demas me abandonou por um amor do mundo presente e foi para Tessalônica. Crescente foi para a Galácia; Tito, para a Dalmácia. Só Lucas está comigo". E acrescenta: "Na minha primeira defesa, ninguém me assistiu, todos me abandonaram [...]. Faze o possível para vir antes do inverno!".[10] Não sabemos se Timóteo, acompanhado de Marcos, conseguiu chegar em tempo, antes da morte.

"Paulo foi conduzido preso em cadeias para o lugar da decapitação, a três milhas da cidade [...]. Decapitaram-no junto ao fundo das Acque Salvie, perto da árvore de pinheiro".[11] Hoje, no lugar da sua decapitação, surge a Igreja de São Paulo alle *Tre Fontane*, dentro do mosteiro trapista homônimo. E o seu corpo foi levado para onde jaz até agora: sob o altar-mor da Basílica de São Paulo Fora dos Muros.

Como já recordamos antes, a tendência hoje é indicar como data do martírio dos dois apóstolos o ano 64 e não 67. Parece verossímil, de fato, que o seu martírio tenha acontecido

---

[10] 2Tm 4,9-11.16.21.

[11] Ps.-Marcello. *Atti dei beati apostoli Pietro e Paolo*, LXXX.

durante a perseguição anticristã de Nero em 64. Além disso, o fato de Pedro ter sido sepultado (como veremos daqui a pouco) no Vaticano, perto do lugar da sua crucificação, confirmaria o dado da morte durante o massacre realizado por Nero no Circo, que surgia exatamente no lado meridional da atual Basílica de São Pedro, no Vaticano. Nenhum outro lugar em Roma teria sido apropriado – depois do grande incêndio – para uma carnificina de tais dimensões e de tal espetaculosidade, como é descrito por Tácito, quanto o Circo, ao lado dos assim chamados "Jardins de Nero", no Vaticano. Tudo faria pensar, portanto, que Pedro tenha sido crucificado numa rua perto do Circo (os romanos, de fato, tinham o costume de crucificar nas margens das ruas) e que depois o seu corpo tenha sido tomado pelos seus discípulos e sepultado em algum lugar próximo.

Por outro lado, porém, a tradição da Igreja desde sempre foi unânime em atribuir a data do ano 67 como ano do martírio de Pedro. E nada, de resto, impede que, também três anos depois do grande massacre, Nero tenha mandado crucificar Pedro nos seus Jardins.

Um ponto muito controvertido foi sempre a questão de Pedro e Paulo terem sido martirizados no mesmo dia. A falta de testemunhos históricos certos e o silêncio total sobre Paulo, nas suas últimas Cartas romanas, sobre a presença de Pedro em Roma, causam perplexidade. Mas, também neste caso, a tradição unânime da Igreja é clara: "Não num dia diferente, como estão levianamente falando os hereges, mas no mesmo tempo e no mesmo dia [Paulo] foi com Pedro coroado de morte gloriosa na cidade de Roma sob o imperador Nero", afirma o *Decretum Gelasianum* no século V,[12] e o Martirológio Romano (como também os Sinassários das Igrejas orientais) confeccionou exatamente este dado: "No mesmo ano e no mesmo dia".

São Clemente Romano, no fim do século I, diz claramente que Pedro morreu mártir,[13] e, nem mesmo entre os hereges mais hostis à Igreja e mais contrários ao primado romano, ninguém nunca negou que o apóstolo tenha sido martirizado em Roma. Já Tertuliano e Orígenes o recordam explicitamente, e Eusébio de Cesareia escreve: "Diz-se que, no tempo de Nero, exatamente em Roma, Paulo foi decapitado e Pedro crucificado. Os nomes de Pedro e Paulo, que chegaram até os nossos dias nos seus túmulos, que se encontram em Roma, atestam a veracidade dessa história".[14] O mesmo primado da Igreja de Roma se fundamenta neste fato: que o Príncipe dos Apóstolos foi martirizado e sepultado em Roma, exatamente no Vaticano. Não se deve, porém, esquecer que

---

[12] *Decretum Gelasianum* (DS 350).

[13] Clemente Romano. *Epistola ad Corinthios*, V,4.

[14] Eusébio de Cesareia. *Historia ecclesiastica*, II, 25,5.

o primado romano esteve sempre ligado ao duplo martírio tanto de Pedro como de Paulo.

O Roma felix, quae tantorum principum..., canta um famoso hino carolíngio recitado ainda hoje durante a solenidade do dia 29 de junho:

*Roma feliz, tornada cor de púrpura
e estes heróis no sangue tão fecundo,
não por teus méritos, mas por estes santos,
que golpeaste com a cruz e a espada,
em formosura excedes todo o mundo.*[15]

"Nos seus túmulos, que se encontram em Roma...": estas palavras de Eusébio confirmam aquela que é a tradição ininterrupta da Igreja, segundo a qual o corpo de Pedro está em Roma. "Foi sepultado em Roma, na colina do Vaticano, na via Trionfale",[16] repetirá Jerônimo sem hesitar. Com dados de fontes antigas, historiográficas, patrísticas e apócrifas, como também dos recentes dados arqueológicos, podemos reconstruir as vicissitudes relativas à sepultura de São Pedro da maneira seguinte.

Segundo *Atos* do Pseudo-Marcelo, logo depois da morte do apóstolo na cruz, alguns fiéis, "junto com Marcelo, pessoa distinta que acreditara em Pedro depois de ter abandonado

---

[15] Liturgia das Horas. Dia 29 de junho, nas segundas Vésperas.
[16] Jerônimo. *De viris illustribus*, I.

Simão [Mago], às escondidas, tomaram o seu corpo e o esconderam sob o terebinto, perto do lugar da arena no Vaticano",[17] isto é, no Circo de Nero (mais ou menos onde hoje é a Praça Santa Marta). *Atos de Pedro* narra o fato com mais detalhes: "Marcelo, sem pedir o parecer a ninguém, não sendo isto possível, vendo que o bem-aventurado Pedro tinha expirado, com as suas próprias mãos o tirou da cruz e o lavou com leite e vinho; depois triturou sete minas de resina de mástique e outras cinquenta de mirra, aloés e aromas, e embalsamou o seu corpo. Depois, encheu com mel ático um sarcófago de mármore muito caro e o sepultou no seu próprio túmulo".[18]

Esta última frase faz pensar que Pedro foi sepultado num lugar onde já havia túmulos organizados, isto é, num cemitério. Sabemos, de fato, da presença de uma Necrópole Vaticana, exatamente perto do Circo de Nero: tratava-se de um cemitério pagão, usado depois também por aqueles que se tinham convertido ao cristianismo, entre os quais exatamente Marcelo, que ofereceu o seu túmulo de família para lá sepultar o corpo do apóstolo. Alguns anos mais tarde, Cleto (ou Anacleto), "terceiro papa" de Roma, teria honrado o túmulo de Pedro edificando lá um pequeno mausoléu.

---

[17] Ps.-Marcello. *Atti dei beati apostoli Pietro e Paolo*, LXXXIV.

[18] Atos de Pedro, XL, 1 (martírio de Pedro).

Por volta do ano 160, ainda teria sido construído um verdadeiro e próprio monumento funerário, de dois planos: o escritor eclesiástico Gaio, que viveu no século II, fala sobre isso explicitamente: "Indo ao Vaticano e ao longo da via Ostiense, encontrarás os troféus daqueles que fundaram essa Igreja", isto é, respectivamente Pedro e Paulo.[19] As relíquias dos dois apóstolos já eram, portanto, muito veneradas, claramente localizadas e conhecidas por todos. Quando, porém, no ano 258, o imperador Valeriano desencadeou aquela que foi uma das mais sangrentas perseguições contra os cristãos, os corpos dos dois apóstolos foram verossimilmente colocados em lugares seguros, sendo levados *ad catacumbas*, ou seja, para o cemitério de São Sebastião, fora de Roma e, portanto, correndo menos riscos. Isto explicaria também porque a Igreja de São Sebastião esteve sempre ligada à memória de Pedro, quer enquanto *domus Petri*, quer pelo rito do *refrigerium* – banquete fúnebre – que nela foi regularmente realizado durante séculos, como recordação dos dois corpos santos lá conservados.

O *Atos* do Pseudo-Marcelo alude claramente a essa transladação, embora falando de "terremoto" mais que de perseguição, e dizem que os restos mortais permaneceram lá por um ano e meio, enquanto lá ficaram provavelmente

---

[19] Cit. in: Eusébio de Cesareia. *Historia ecclesiastica*, II, 25-7.

por uns cinquenta anos: "Na cidade houve um grande terremoto; então, o povo romano fugiu e os colocou num lugar chamado Catacumbas, na via Ápia, na terceira milha. Lá foram guardados os corpos dos santos por um ano e seis meses, até quando construíram para eles os lugares onde pudessem ser sepultados. O corpo do bem-aventurado Pedro foi colocado, com pompa e hinos, no Vaticano, no lugar próximo à arena".[20] Os corpos dos apóstolos, provavelmente, foram recolocados nos seus respectivos túmulos originais somente depois do ano 300, sob Constantino, quando a fé cristã já não tinha mais que temer perseguições. A esse propósito, observamos que muito possivelmente a data do dia 29 de junho – já mencionada na *Depositio martyrum* do ano 354 como dia da Solenidade de São Pedro e São Paulo – foi instituída justamente nessa ocasião e seria, portanto, a data não da sua morte, mas da sua *depositio*, ou seja, da reposição solene nos seus sepulcros primitivos.

Constantino teria decidido, além disso, provavelmente influenciado por sua mãe Helena, construir uma grande e majestosa basílica no mausoléu de Pedro. Esse projeto ambicioso foi iniciado por volta do ano 320. Depois de mais ou menos trinta anos de trabalhos, brilhava aos olhos de toda a cristandade a primeira Basílica de São Pedro no Vaticano, que

---

[20] Ps.-Marcello. Atti *dei beati apostoli Pietro e Paolo*, LXXXVII.

somente no século XVI o Papa Júlio II mandou demolir completamente para construir a nova Basílica, que é a atual. Ora, quando Constantino decidiu construir a enorme igreja, teve que enfrentar muitas dificuldades: o terreno era argiloso e precisava de complicados trabalhos de drenagem; a região, além disso, já era ocupada por um cemitério, que devia ser, portanto demolido; finalmente, para a construção do edifício foi preciso um longo e difícil trabalho de terraplanagem da colina Vaticana, porque a Basílica devia ser construída justamente na metade da inclinação. Tudo, portanto, contribuía para sugerir a escolha de um outro lugar para a construção da igreja. Tudo, exceto a clara evidência de que aquele e somente aquele era o lugar preciso de sepultura de São Pedro.

O túmulo original com os ossos do apóstolo, já englobado no "troféu" em dois planos do qual falava Gaio, tornou-se, portanto, o ponto sobre o qual foi edificado o altar da basílica constantiniana, altar ao qual, por sua vez, foi sobreposto um outro altar elevado, nos tempos de Gregório Magno, e depois, durante os séculos, outros dois. O túmulo de Pedro, assim, desapareceu sepultado embaixo de todas essas superestruturas. Foi somente no ano de 1939 que o Papa Pio XII decidiu reencontrar o sepulcro original. Determinou uma série de escavações, que se prolongaram até 1958. Em 1941, foi identificado, embaixo das várias camadas de altares, uma parede vermelha e dentro dela um lóculo: era claramente o "troféu" de Gaio, depois revestido de mármore por Constantino. A pesquisa dos preciosos ossos não dava, porém, resultados, até quando, em 1953, num depósito das Grutas Vaticanas, foi encontrada uma caixa "de sapato" que continha ossos humanos, restos de ratos e outros detritos: um atento exame químico e arqueológico demonstrou que os ossos tinham todas as características para ser os do apóstolo; a terra que estava na caixa, além disso, era a mesma do muro vermelho, e do exame dos detritos resultava que os ossos estavam envolvidos em púrpura verdadeira entrelaçada com fios de ouro, como se procedia com personagens de altíssima dignidade. Não havia mais dúvidas: aquela era a relíquia mortal do apóstolo Simão de Betsaida, transferida com cuidado para uma caixa com o fim de subtraí-la às infiltrações de água. Em 1979, o Papa João Paulo II mandou que os ossos fossem levados para onde sempre tinham estado e tornou a relíquia acessível aos peregrinos, como nos primeiros séculos.

Impresso na gráfica da
Pia Sociedade Filhas de São Paulo
Via Raposo Tavares, km 19,145
05577-300 - São Paulo, SP - Brasil - 2013